北京市旅游与会展互动发展研究

BEIJINGSHILVYOUYUHUIZHANHUDONGFAZHANYANJIU

刘大可　等著

经济科学出版社

图书在版编目（CIP）数据

北京市旅游与会展互动发展研究/刘大可等著.
—北京：经济科学出版社，2013.5
ISBN 978 - 7 - 5141 - 3407 - 0

Ⅰ.①北…　Ⅱ.①刘…　Ⅲ.①旅游业 - 产业
发展 - 研究 - 北京市②展览会 - 产业发展 -
研究 - 北京市　Ⅳ.①F592.71②G245

中国版本图书馆 CIP 数据核字（2013）第 096781 号

责任编辑：柳　敏　段小青
责任校对：王凡娥
版式设计：代小卫
责任印制：李　鹏

北京市旅游与会展互动发展研究
刘大可　等著
经济科学出版社出版、发行　新华书店经销
社址：北京市海淀区阜成路甲 28 号　邮编：100142
总编部电话：010 - 88191217　发行部电话：010 - 88191522
网址：www.esp.com.cn
电子邮件：esp@esp.com.cn
天猫网店：经济科学出版社旗舰店
网址：http://jjkxcbs.tmall.com
北京汉德鼎印刷有限公司印刷
华玉装订厂装订
710×1000　16 开　9.75 印张　140000 字
2013 年 10 月第 1 版　2013 年 10 月第 1 次印刷
ISBN 978 - 7 - 5141 - 3407 - 0　定价：20.00 元

前　　言

　　旅游与会展作为两个紧密关联的行业，从全球范围看，在绝大多数国家都是捆绑在一起发展的。这不仅表现在政府层面通过设立会议旅游局（CVB）等措施推动二者的互动发展，在企业层面同样通过建设多功能会议型酒店、旅行社经营会奖旅游等方式，实现了旅游与会展的高度融合，除此之外，从教学与研究看同样如此，国外绝大多数高校中，会展的课程是放在旅游和酒店管理专业下面开设的，从事会展研究的学者，很多也是出身于旅游研究。

　　但是，我国的情况有所不同。一方面，展览、会议、节庆、演出、体育赛事等不同类型的会展活动，被分割到不同的政府职能部门进行审批和监管；另一方面，在过去较长时间内，旅游局的职能范围主要局限于居民观光、休闲、娱乐等消费领域，而对旅游服务于会议、展览等商务活动的功能认识不足。此外，在高校最初开设会展经济与管理专业的时候，教育部将其划归为公共管理的范畴。在这种状况下，政府不仅没有正面引导旅游与会展的融合发展，甚至人为地将其分割成两种领域，从而为二者的互动发展带来了障碍。

　　面对这种情况，我一直希望能够静下心来，认真研究一下旅游与会展之间的关系以及发达国家和地区在推动二者互动发展方面的一些成功做法，一方面为推动国内旅游与会展的互动发展提供一些理论依据，另一方面提出一些可操作性的对策建议，供政府和企业决策参考。但是由于近年来集教学、科研与行政管理工作于一身，的确有点力不从心。幸好我申请的"北京市旅游业与会展业互动机制研究"课题，获得了北京市教委和北京市社会科学规划办公室的立项，从而督促我加快了这一研究的进展。

　　配合这一项目的研究，近两年来课题组成员做了大量卓有成效的工作，不仅查阅了大量的已有研究文献，而且先后到悉尼、奥兰多、香港、澳门、上海、成都、杭州等城市进行了实地调研，掌握了大量非常有价值的一手数据。

这本著作正是基于"北京市旅游业与会展业互动机制研究"这一研究项目完成的，是课题研究的主要成果之一。课题研究和书稿撰写过程中，倾注了全体项目组成员的大量心血。其中，成都和奥兰多的案例由王起静博士撰写完成，旅游与会展互动的理论基础一章由高凌江博士撰写，其余章节主要由我和我的研究生撰写完成。这些研究生是卢仕智、罗军、孙斌、王雯雯、林冠、高力力、贾秀芳、孙斌斌、王鹏飞、张晶姝和李晓蕾。

作为北京第二外国语学院"会展与高端服务业科研基地"的重要成果，在本书付梓出版之际，我首先要感谢课题组的所有成员，他们为项目研究付出了很大的心血；其次要感谢中国会展经济研究会副会长储详银教授和北京大学旅游研究与规划中心主任吴必虎教授，他们为项目研究提供了无私的支持；最后，还要特别感谢经济科学出版社，他们认真而富有效率的工作保证了本书的及时出版。

刘大可

2013 年 7 月

目 录

第一章 研究背景与研究设计

第一节 基本概念界定

概念界定是科学研究中的基础环节，没有共同的概念，人们就无法在同一平台上进行沟通。旅游与会展的互动机制这一课题，主要涉及两个核心概念：一个是旅游业的内涵及主要业务构成；另一个是会展业的内涵及主要业务构成。由于旅游业发展相对成熟，而会展属于新生事物，因而人们对旅游业的概念相对清晰一些，而对会展活动概念的界定争议较多。

一、旅游业的内涵及主要业务构成

尽管目前对于旅游业的界定在表述上不尽相同，但是在概念认识上并没有太大的分歧。一般来说，应该从以下两个方面来定义旅游业：一是以一次旅游全过程所需要的产品和服务组合来定义旅游业，即以需求而非以供给为取向的定义；二是以提供产品的对象和市场关系来定义旅游业。关于旅游业的构成主要有以下三种观点：一是将旅行社业、交通客运业和住宿业这三个传统行业认定为旅游业的基本构成；二是认为旅游业主要由五部分组成，即旅行社业、交通客运业、住宿业、以旅游景点为代表的游览场所经营部门以及各级旅游管理组织；三是将旅游企业划分为两个层级，第一层级是直接旅游企业，指有赖于旅游者的存在而生存的企业，例如酒店、旅行社等；第二层级为间接旅游企业，指那些即使没有旅游者也可以继续生存但营业量会缩减的企业，例如餐饮、游览娱乐企业等。

基于以上分析，我们认为旅游业主要包括旅行社、酒店、景区景点和旅游交通运输四个板块的业务，旅游购物、休闲娱乐等通常以这四个板块为载体进行经营，旅游电子商务是对这些主要业务的技术提升。因而本书关于旅游与会展的互动发展，重点研究这四个板块的业务与会展活动的互动问题。以下部分我们将对这四个板块的具体业务构成和类型做出进一步的解释。

（一）旅行社

在欧美国家，根据所经营的业务类型不同，旅行社可以分为两大类：一是旅游批发商，是指从事旅游产品批发业务的旅行社，即将航空公司与交通运输业的产品与旅游目的地旅游企业的地面服务和产品组合成整体旅游产品，然后通过一定的销售渠道推向广大旅游者；二是旅游零售商，指直接与旅游者接触的旅行社，向旅游者宣传和推销旅游产品，承担旅游消费者决策顾问与旅游产品推销员的双重角色。在我国，根据 2009 年国家旅游局颁布的《旅行社条例》的规定，旅行社是指从事招徕、组织、接待旅游者等活动，为旅游者提供相关旅游服务，开展国内旅游业务、入境旅游业务或者出境旅游业务的企业法人。《旅行社条例实施细则（国家旅游局第 30 号令)》对旅行社的以下业务进行了详细的规定：（1）招徕、组织、接待旅游者，为旅游者提供相关旅游服务，如安排住宿、交通、餐饮、观光、导游等；（2）旅行社还可以接受旅游者个人、机关事业单位和企业委托，为他们提供票务预订、办理签证、旅行安排等代理服务；（3）国内旅游业务；（4）入境旅游业务；（5）出境旅游业务。

（二）住宿业

住宿业是指为旅游者提供住宿、餐饮及多种综合服务的行业。其中，酒店在目前住宿业中具有十分突出的地位和作用。根据酒店的特色及客人特点，可以分为以下五种类型：（1）商务型酒店。主要是为商务旅行者提供住宿、餐饮和商务活动等有关设施的酒店，一般位于城市中心和交通便利地区，且商务配套设施齐全，档次较高。（2）度假型酒店。是指主要为度假旅游者提供服务的酒店，一般位于风景优美、自然环境较好的海滨、温泉或山区，配有齐全的休闲娱乐设施。（3）会议型酒店。主要针对参加会议的各个机构团体，一般设在大都市和政治、经济中心以及交通便利、旅游资源丰富的地区。此类酒店都会配备能够满足不同类型会议需要的会议室或者多功能厅，且各种会议配套设施齐全，如投影仪、录放设备、翻译设备等，对接待人员的素质要求也较高。（4）汽车旅馆。主要是指为使用自备汽车进行旅游的客人提供食宿的酒店，一般设在郊区并且紧邻公路，有较大规模的停车场和加油设施，甚至配有对汽车进行简易修理的设施和人员，且住宿、餐饮、停车的价格一般都比较便宜。（5）家庭旅馆。这种旅馆主要向客人提供住宿和早餐，房价较低，经济实惠。

（三）景区景点

按照学术界的定义，旅游景点是指专为供来访公众参观、游乐和增长知识而设立和管理的长久性休闲活动场所。旅游景点可以按照不同标准进行分类，其中最为常见的划分方法是按照景点的内容和表现形式将旅游景点划分为：（1）古代遗迹。指挖掘出土和加以保护的古迹，例如北京周口店类人猿遗址、明十三陵等。（2）历史建筑。是指以历史上遗留下来的各种建筑物为主要游览内容而设立的旅游景点，例如宋庆龄故居、潭柘寺、雍和宫等。（3）以特定主题为展示内容的博物馆，例如故宫博物院、中国人民抗日战争纪念馆等。（4）以具有特色的自然环境和植物景观为主要内容的公园和花园，例如香山公园、玉渊潭公园、什刹海、植物园等。（5）以观赏野生动物为主要活动内容的旅游景点，例如北京动物园。（6）主题公园。以某一或某些中心主题为基调而兴建的大型人造游览娱乐园区，例如北京欢乐谷、世界公园等。

（四）旅游交通

旅游交通是指旅游者利用某种手段和途径，实现从一个地点到达另外一个地点的空间移动过程。旅游交通主要由以下三部分构成：（1）陆路交通，包括小汽车、旅行汽车和火车。其中，旅行汽车在旅游市场中占有重要地位，有三种主要运营方式：一是定期定点的长途旅行车，对中短距离的旅游特别适用；二是观光巴士，可以中途停车、车上观光、随时上下车等；三是租赁旅行汽车，一般是为了满足团体包价旅游的需要，将旅游者从客源地运送到旅游目的地。（2）航运交通，分为海上短途渡轮和远洋游轮两大类，主要针对度假旅游者。随着主题旅游活动的不断发展，航运旅游交通日益受到欢迎，它能为具有特别兴趣和爱好的旅游者提供短至一天长至数月的旅程。（3）空中交通，包括定期航班、廉价航空公司和包机。其中，商务旅行者为了进行商务活动，且由雇主为他们支付机票费用，因而对飞行时间、舱位、改签条件等方面的服务要求较高，当然他们也愿意为此付出较高的价格；与此相反，休闲旅游者由于有充足的时间且机票自付，他们通常会选择廉价航空公司，而且对服务要求不高；而包机是旅游运营商进行包价旅游的常用方式。

二、会展业的内涵及主要业务构成

目前关于会展业的概念还不统一。在欧洲，会展被称为 C&E（Convention and Exposition）或者 M&E（Meeting and Exposition），会展的内容主要包括会议和展览，这显然是一种狭义的会展概念，是一种从更纯粹与更专业的视角来界定会展的方法。在美国，会展被称为 MICE，包括会议（Meeting）、奖励旅行（Incentive Travel）、各种机构和团体等举办的会议（Convention）以及活动和展览（Event & Exhibition）。这是一个目前使用较为广泛的概念，主要是基于旅游的视角对会展活动的界定。笔者提出的"IMBEST"概念，从会展活动的具体业态出发，认为会展主要包括奖励旅行（Incentive travel）、会议（Meeting）、个人商务差旅（Business personal trip）、展览会（Exhibition）、特殊活动（Special events）和教育培训（Training & education）六种表现形式。在本书中，我们将会展业界定为会议、展览、体育赛事、节庆活动和文化演出五种业态的集合，并以这五种业态为基础，分析和研究旅游与会展的互动机制问题。虽然这种界定无法涵盖会展活动的全部，但毋庸置疑，这些活动代表了现代会展活动的主体部分，其他类型的会展活动如公司庆典、婚庆纪念等，可以参照上述各种活动，构建与旅游业的互动发展机制。关于上述五种活动的主要内涵，我们在此做出进一步的解释。

（一）会议的内涵及类型

按照会议分类与术语国家标准起草小组的界定，会议是指在特定的时间和空间，通过发言、讨论、演示、商议、表决等多种形式以达到议事协调、交流信息、传播知识、推介联络等目的的 10 人以上的群体活动。按照这种定义，会议主要包括如下三个特点：（1）会议是一种"聚众"行为。这种"聚众"首先是数量上的保证，一般情况下，会议的参与者应该在 10 人以上，而且必须是基于共同的议题而聚，这意味着参会者通常具有某种共同的偏好或者具有某种类似的社会统计特征。（2）会议是一种有目的的行为。会议参与者聚到一起，或者是为了通过沟通和交流以解决某些存在分歧的问题；或者是为了解决现实社会中广泛存在的信息不对称状态，使入会者获得关于某一事项或者某一领域的充分信息。（3）会议是一种有组织的行为。会议不是自发性的群众聚会，而是组织者按照一定的程序和形式人为筹划的活动。很多会议的组织工作需要经过筹备阶段、召开阶段和后续事项处理阶段等完整的过程。许多大型年会通常还设有会议的常设机构，负责处理关于年会的日常事务。

非专业人士通常看不出不同会议之间的差别，但是专门从事会议研究的学者们常常根据会议的不同特点将会议划分成不同类型：（1）按照会议的组织形式不同，通常可以划分为年会（Convention）、代表会议（Congress）、论坛（Forum）、专题学术讨论会（Symposium）以及讨论会（Workshop）等多种类型；（2）按照会议涉及的内容不同，通常可以划分为商务型会议、度假型会议、展销会议、文化交流会议、专业学术会议、政治性会议以及教育培训会议等；（3）按照会议举办主体不同，通常可以划分为社会团体类会议、公司会议、政府机构会议、工会组织和政治团体会议以及宗教组织会议等。当然，会议的分类并不是固定不变的，根据认识和研究问题的需要，还可以按照其他标准对会议进行分类。比如说，按照会议的性质不同，可以分为正式会议和非正式会议；按照会议的规模不同，可以分为大型会议、中型会议和小型会议；按照与会代表是来自国内还是国外，可以分为国内会议和国际会议等等。

（二）展览的内涵及类型

关于展览的内涵，不同文献有不同的表述。《辞海》① 认为展览是"用固定或巡回的方式，公开展出工农业产品、手工业制品、艺术作品、图书、图片，以及各种重要实物、标本、模型等，供群众参观、欣赏的一种临时性组织"；《简明不列颠百科全书》将展览定义为："为鼓舞公众兴趣、促进生产、发展贸易，或者为了说明一种或多种生产活动的进展和成就，将艺术品、科学成果或工业制品进行有组织的展览"；美国《大百科全书》则把展览定义为："一种具有一定规模，定期在固定场所里举办的，来自不同地区的有组织的商人聚会"。

与会议一样，虽然非专业人士通常难以分辨出不同展览会的差异，但是在展览同行中，按照不同的划分标准，展览会可以划分为不同的类型。通常展览会的分类办法有以下五种：（1）根据展示的内容不同，可分为综合展和专业展。综合性展览会又称为博览会，通常情况下展示的内容包罗万象，涉及工业制造、自然地理、人文历史等各个方面，而专业展是指展出内容严格限制在某一领域的展览会，具有较强的行业特征，如机床展、工业气体展、汽车配件展等。（2）根据展示的目的不同，展览会可分为宣传类展览会和贸易类展览会。宣传类展览会通常属于公益性展览会，以宣传、教育、鼓动为展示目的，而贸易类展览会是指以促进商业贸易为展示目的的展览会，如中国进出口商品交易会（广交会）、中国国际高新技术成果交易会（高交会）等著名展览会都属于贸易类展览会的范畴。（3）按照展示内容行业属性的不同，展览会可以划分为轻工、石化、纺织、建材、房地产、服务、医疗、能源、环保、机电、体育等各行各业的展览会。（4）根据参展商和观众的地区来源不同，展览会可分为国内展、来华展和出国展。（5）根据组织者是否具有"营利目的"，展览会可以分为营利性展览和非营利性展览。营利性展览是指组织者通过为参展商和观众提供交易服务而获取相应的

① 《辞海》，上海辞书出版社1980年版。

商业利润，通常以贸易性展览会为主；非营利性展览是指组织者主要是为了提高人们的文化内涵、艺术修养等公益目的而组织展览会，虽然他们也收取一定数额的门票等费用，但是他们的根本出发点不是为了"营利"。这种非营利性展览通常情况下在博物馆、艺术馆、科技馆等公共性展览场所举行。

（三）节庆活动的概念和类型

节庆活动是指某地区或城市以其特有的资源为主题而举办的各种形式的庆祝活动，这些资源包括历史、文化、艺术、传统竞技、风俗习惯、风情风貌、特色植被、特色物产、名胜古迹等多个方面。任何一种节庆活动的兴起，都源于一定的物质基础和文化艺术。例如，始创于1991年的青岛国际啤酒节，之所以能够发展成为亚洲最大的啤酒盛会，每年都有数十个国家和地区及国内的啤酒厂家参加，来自全国各地的游客达百余万人，我们认为主要有两大背景，一是因为青岛有悠久的啤酒酿造历史，早在1903年8月15日，青岛就由英德商人合资兴建了"日耳曼啤酒公司青岛股份公司"，即现在青岛啤酒厂的前身；二是因为当地居民拥有浓厚的啤酒文化，特别是在夏天，畅饮啤酒成为人们交友、娱乐、消遣的重要媒介。

中国历史文化悠久，地大物博，民族习俗丰富多彩，导致节庆活动花样繁多、内容丰富，从而增加了对节庆活动进行分类的困难。不过，参考已有的研究，我们认为大致可以划分为如下四种类型：（1）政治类节庆活动。例如国庆节、五一国际劳动节等，这类节庆活动受众面大，影响范围广，节庆活动期间政府通常会举办一些宣传类的文化娱乐活动。（2）传统民俗节庆活动。如中国的春节、中秋节、端午节等。这类节日具有深厚的民族与民俗文化底蕴，在很大程度上由公众自发庆祝。（3）区域性民族文化节庆活动。这类节庆活动以本民族独特的风俗习惯或宗教信仰为主题，内容涉及服饰服装、民歌、舞蹈、特色食品等多个层面，如南宁国际民歌节、中国吴桥杂技节等。（4）地方特色物产与文化节庆活动。这类节庆常常与当地特色文化、特色景观和特色物产相结合，如浙江的中国国际钱塘江观潮节、浙江慈溪杨梅节、成都国际桃花节、山东的曲阜国际孔子文化节等。

（四）体育赛事的概念及类型

体育的英文名称是"Physical Education"，指的是以身体活动为手段的教育。随着国际交往的扩大，体育事业发展的规模和水平已是衡量一个国家和社会发展进步的重要标志，也成为国家间外交及文化交流的重要手段。体育可分为大众体育、竞技体育、学校体育、传统民族体育等种类。体育赛事是人们为衡量体育教育水平、培养团队合作精神而设立的比赛活动，由于很多高水平的体育赛事能够不断创造人类竞技运动的世界纪录，具有很高的观赏价值，通常能够吸引众多的观众现场参观。目前全球规模大、影响力大的体育赛事有世界杯、奥运会、一级方程式赛车等。

体育竞赛分类的方法较多，按竞赛任务的不同可以分为综合性竞赛和单项竞赛两类。其中，综合性竞赛一般称为运动会或综合性运动会，它包括若干个运动项目的比赛，其任务是全面检查各项运动的普及和提高情况，广泛总结交流经验，推动体育运动的发展，如全国大学生运动会、全国运动会、亚洲运动会、奥林匹克运动会等，这种竞赛由于比赛项目多、规模大、组织工作比较复杂，通常间隔时间较长；单项竞赛以单独进行某一项目的比赛为内容，一般可分为锦标赛、邀请赛和友谊赛、对抗赛、等级赛、测验赛、选拔赛、及格赛、表演赛和通信赛等多种类型。另一方面，按照参加竞赛的运动员来源构成，可以划分为全球性的体育赛事，如奥林匹克运动会、世界杯足球赛；区域性体育赛事，如亚洲地区规模最大的综合性运动会——亚洲运动会（Asian Games），全国性的体育赛事，如中华人民共和国全国运动会，以及其他更小区域的地方运动会等。

（五）演出活动的概念及类型

演出是指单位或个人在特定的时间、特定的环境下所举办的文艺表演活动。由于演出通常借助华丽的声光电等现代科学技术和艺术家的个人及团队表演，在带给观众娱乐体验的同时，能够反映某些特定区域的民俗、文化与艺术，因而不仅受到当地群众的欢迎，而且能够吸引众多外来游客观赏。演出的表现形式多种多样，主要包括电影展演、音乐剧、实景演出、演唱会、音乐会、话剧、歌舞剧、戏曲、综艺、魔术、马戏、舞蹈、民间戏剧、民俗文化等多种类型。

不过，从演出的运作机制来看，总体上可以分为营业性演出和公益性演出两大类。根据文化部《营业性演出管理条例实施细则》的规定，营业性演出是指以营利为目的、通过下列方式为公众举办的演出活动：（1）售票或者包场的；（2）支付演出单位或者个人报酬的；（3）以演出为媒介进行广告宣传或者产品促销的；（4）有赞助或者捐助的；（5）以其他营利方式组织演出的。而公益性演出指的是不以营利为目的演出活动。一般情况下，与旅游业紧密结合的演出活动大多属于营业性演出。

总之，会议、展览、节庆、体育赛事以及演出等活动之所以能够集合在一起形成"会展业"，主要是因为这些活动具有许多共性特征。主要包括：（1）这些活动都是"长期筹备、短期举办"的"点"状活动，而不像行政组织以及企业组织日常管理中那样的"线"状活动；（2）这些活动都涉及人员的迁徙和移动，参加活动的人来自全国甚至世界各地，他们必须借助一定的交通工具来到活动举办地，并在举办地住宿和餐饮；（3）这些活动通常能够为人们枯燥的日常工作和生活平添几分乐趣，所以能够吸引人们的参与，并引起媒体的关注；（4）活动的组织管理都是以独立的"项目"方式进行的，一项活动结束后，需要策划和组织另一项活动，并在项目的不断策划和举办过程中，提高活动的声誉和价值。

第二节　研究背景与价值

本书的研究主要基于三个背景：（1）各级政府高度重视旅游业和会展业，对二者的互动发展提出了明确的要求，寄予了厚望；（2）北京不仅具有发展旅游和会展的众多优势，而且两个行业在北京社会经济生活中均具有非常重要的地位，互动发展的行业基础雄厚；（3）与旅游和会展发达的国家和地区相比，北京市在推动旅游与会展的互动发展中，存在许多体制、理念、政策、技巧等方面的问题，为推动二者的良性互动，共同发展，非常需要对二者的互动发展现状和运行机制做出进一步的研究。本节中，我们将针对上述三个方面的背景，做出简要分析和说明。

一、政府非常重视旅游和会展的互动发展，对两个行业均寄予厚望

首先，从中央政府层面看，2009 年 12 月，国务院出台了《国务院关于加快发展旅游业的意见》，这一重要文件不仅对旅游业提出了全新的定位，确立了"把旅游业培育成国民经济的战略性支柱产业和人民群众更加满意的现代服务业"的宏伟目标，而且在推动旅游与会展的互动发展方面，明确提出要"以大型国际展会、重要文化活动和体育赛事为平台，培育新的旅游消费热点"；"要发挥文化资源优势，推出具有地方特色和民族特色的演艺、节庆等文化旅游产品"。此外，2010 年年初国务院正式颁发的《国务院办公厅关于加快发展体育产业的指导意见》中，同样提出了要"协调推进体育产业与相关产业互动发展，发挥体育产业的综合效应和拉动作用，推动体育产业与文化、旅游、电子信息等相关产业的复合经营，促进体育旅游……相关业态的发展"。为了将国务院的这些要求落到实处，各中央部委联合出台了一系列措施，将这些要求进一步细化到具体工作中。例如，2010 年 8 月，文化部和国家旅游局联合印发了《文化部、国家旅游局关于促进文化与旅游结合发展的指导意见》，提出了一系列推进会展与旅游结合发展的措施。具体包括：（1）打造文化旅游系列活动品牌，举办全国性文化旅游节庆活动、引导区域性文化旅游节庆活动，通过联合举办、政策优惠、资金补贴等多种方式对文化旅游节庆活动进行支持；（2）打造高品质旅游演艺产品，通过"鼓励对现有演艺资源进行整合利用，鼓励社会资本以投资、参股、控股、并购等方式进入旅游演出市场，允许适度引进境外资本投资国内旅游演出市场"等方式促进旅游与演艺活动的互动发展；（3）"旅游景区（点）要广泛吸纳文艺演出团体和艺术表演人才以多种方式灵活参与景区经营，不断提高景区（点）的文化内涵"。除此之外，还提出了要"建立文化部门与旅游部门协作配合长效工作机制"。

其次，从北京市政府层面看，在《北京市"十二五"时期旅游业发展规划》中，明确提出要"围绕建设中国特色世界城市的目标要求，将北京建设成为我国入境旅游者首选目的地、亚洲商务会展旅游之都、国际一流旅游城市"，争取实现"旅游综合效益努力达到国内领先"、"旅游综合服务能力步入亚洲城市领先行列"、"城市旅游吸引力率先跨入世界一流行列"三大领先目标，到 2015 年旅游业增加值占全市 GDP 的 10%，年入境旅游收入超过 100 亿美元，入境游接待量超过 1 000 万人次，国内游客达到 2 亿人次以上。在推动旅游与会展的互动发展方面，明确提出了要"通过国际会奖旅游市场的开拓、品牌展会的发展与培育、国际影响力重大会议与节事活动的申办与组织、会奖专业人才和队伍的建设等举措，显著提升北京首都特色会奖旅游产品的吸引力和竞争力，力争成为亚洲排名领先的会奖旅游目的地"；要"鼓励推出具有民族特点、北京特色、质量上乘的原创文化旅游演出剧目，扶持若干品牌实景演艺剧目、大型歌舞剧目、传统特色演艺剧目和京味文化演出剧目，争取有广泛知名度和影响力的文艺演出品牌落地北京"，要"策划一批有特色、有吸引力、有影响力的大型文化旅游节庆活动，重点打造北京国际旅游节、中华美食节、中国茶文化节、中华服饰节、大学生电影节以及国际旅游节等活动"。

二、北京市旅游与会展都已颇具规模，互动发展的行业基础雄厚

在自由市场条件下，旅游与会展的互动发展，绝不意味着一个行业对另一个行业单方面的扶持，必须建立在互动发展能够给双方带来共同收益的基础之上，而产生这种共同收益的前提必须是双方均已达到一定的市场规模。北京作为中国的政治、文化和经济中心，人文科技发达，经济实力雄厚，旅游资源丰富，基础设施完善，在发展旅游和会展方面均具有得天独厚的条件，经过较长一段时间的改革与发展，北京目前的旅游业与会展业都已经颇具规模，在全国居于遥遥领先的行业地位，从而为二者的互动发展提供了广阔的合作空间。

（一）北京市旅游业的发展状况

丰富的旅游资源、国内外较高的知名度、发达的城市基础设施为北京市发展旅游业提供了独特的优势条件。2008 年北京奥运会的成功举办，进一步提升了北京市的旅游形象，丰富了旅游市场，为北京市旅游业的发展注入了新的活力。从图 1-1 可以看出，2006～2010 年间，北京市旅游业整体上呈现稳定上升态势。首先，从入境市场来看，虽然受到 2008 年北京奥运会期间签证政策以及全球金融危机等方面影响，但入境市场一直保持高位运行，并且 2008 年以来回升明显。2008 年北京共接待入境旅游者 379 万人次，旅游外汇收入 44.6 亿美元；而 2010 年北京接待境外游客已经达到 490.1 万人次，旅游外汇收入达到 50.44 亿美元。其次，从国内旅游市场来看，2006～2010 年间，国内旅游者人数和国内旅游收入基本呈稳步上升趋势，特别是在 2008 年北京奥运会之后，北京市国内旅游市场上升态势更加明显，2010 年国内旅游者人数达到 1.79 亿人次，国内旅游收入 242.5 亿人民币。

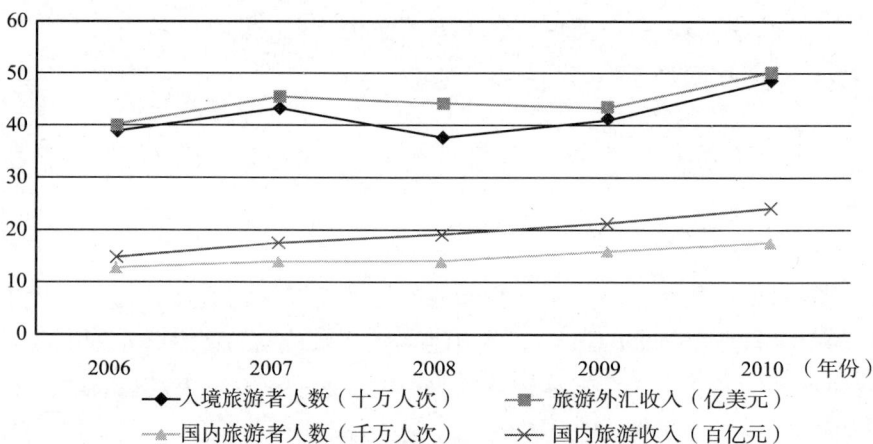

图 1-1　2006～2010 年北京市旅游业发展态势

（二）北京市会展活动的发展状况

相对旅游业来说，北京会展业起步较晚。但是自 2000 年以来，北京凭借其政治、经济、文化、科技、体育等多方面的特殊优势，以奥运会的筹备和举办为契机，不仅大大改善了举办会展活动所需要的各种基础设施，而且大大提升了大型活动的接待能力和服务水平，会议、展览、节庆活动、体育赛事、文艺演出等多种业态的会展活动均出现了蓬勃发展的态势，总体行业规模在全国城市中遥遥领先。

1. 会议业。北京作为国际化大都市，发展会议产业具有得天独厚的优势。如表 1 - 1 所示，2005 年，北京全年共举办大小会议近 18 万个，其中，国际会议 6 635 个，会议业收入约 34 亿元；到 2007 年，会议数量上升到 21.3 万个，其中国际会议达到 8 045 个，会议收入达到 53.8 亿元；2008 年由于受到全球金融危机以及奥运会挤出效应的影响，数量略有下降，但 2009 年总体会议数量又出现了明显的回升。北京会议产业总体来看已日渐成熟，会议的服务质量、接待水平、组织能力等越来越受到国际社会的认可。在国际大会及会议协会（ICCA）2010 年公布的国际会展目的地城市最新排名中，北京是中国唯一入选前 10 名的城市。①

表 1 - 1　　　　　　　　2005 ~ 2009 年北京市会议活动情况

项目	2005 年	2006 年	2007 年	2008 年	2009 年
接待场所会议室（个）	3 666	4 015	4 425	5 444	5 718
大于 500 座的会议室（个）	95	108	129	151	179
接待会议（个）	178 887	193 269	212 930	213 633	224 160
国际会议（个）	6 635	6 808	8 045	7 394	5 174
会议收入（万元）	336 529.6	385 046.2	538 448.1	648 062.6	725 430.3
国际会议收入（万元）	37 254.7	50 400.8	59 851.5	70 965.3	37 875.6

资料来源：根据《北京统计年鉴》（2005 ~ 2009 年）整理所得。

2. 展览业。北京作为国家首都和重要的经济中心，在组织和举办展览方面具有非常明显的产业优势和消费优势，对国际和国内展览项目

---

① 资料来源：http：//expo. ce. cn. 中国经济网.

都极具吸引力。北京市良好的市场和产业环境、完善的城市综合服务功能及基础设施、丰富的旅游资源以及深厚的历史文化底蕴，都为展览业的发展提供了坚实的支撑。根据对北京主要展览场馆举办的展览会数量的统计，2006 年北京市展览数量大约为 337 个，2007 年由于农业展览馆更新改造，举办展览会的数量有所减少；2008 年由于受到奥运会以及国际金融危机的影响，会展数量出现了进一步的下滑，但是 2009 年以来，重新表现出良好的发展势头，展会数量开始逐步上升，2010 年基本恢复到 2007 年的水平（见图 1-2）。

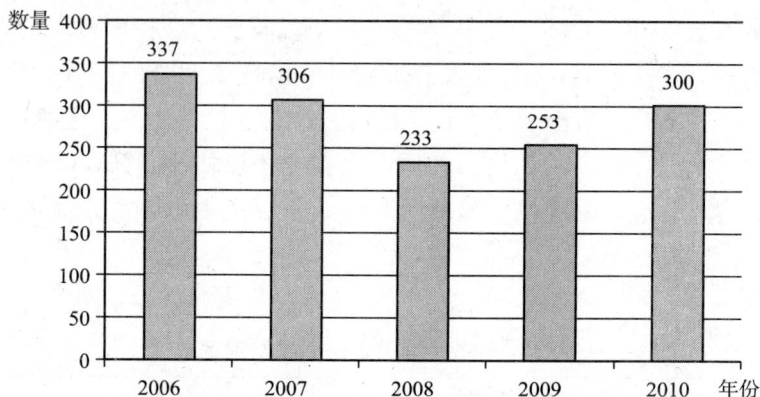

图 1-2　2006～2010 年北京展会数量

3. 节庆活动。目前北京的节庆活动已经得到了各方面的重视，节庆旅游已经成为北京市重点发展的旅游项目之一，得到了各级政府政策和资金的支持，旅游管理部门和旅游企业也都积极参与到节庆的策划与促销中。通过对北京市旅游局、各区县旅游局官方网站、北京市旅游局汇编的《北京乡村旅游节庆活动指南》等资料的统计调查发现，目前在北京常年举办的各类节庆活动大约有 194 个。从地理范围分布来看，北京节庆活动主要集中在北京市郊区，其中海淀、密云、怀柔、门头沟四区的节庆活动几乎占全部节庆活动的一半；从节庆类型方面来看，北京主要以赏花观叶和采摘节庆为主，二者比例达 46%。这一方面是因为北京郊区拥有丰富的自然资源，适合展开赏花观叶和采摘节庆；另一方面是因为各区县政府更希望通过节庆活动带动当地旅游及相关产业发展（见图 1 - 3）。

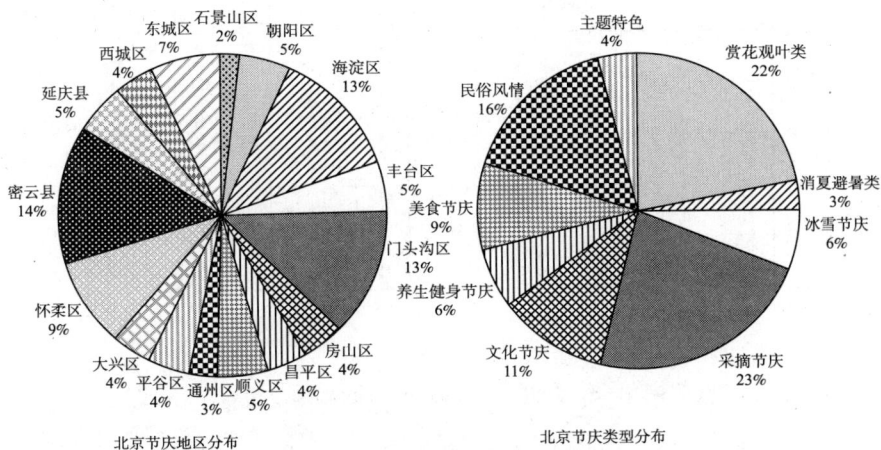

图 1 - 3　北京节庆地区及类型分布

4. 体育赛事。随着中国国家地位的提高以及在世界体坛上实力的增强，作为首都的北京受到了世界各国越来越多的关注，尤其是 2008 年第 29 届夏季奥运会在北京的成功举办，对北京市体育赛事的发展起到了关键性的作用。近年来，在北京举办的世界知名体育赛事逐渐增多。

（1）北京市体育场馆数量概况。[①] 从图 1 - 4 可以看出，2000 ~ 2003 年北京市的体育场馆数量增长较快，分别增长了 24.3%、19.3% 和 46%，尤其是 2002 ~ 2003 年，体育场馆数量增加了 1 924 个。2003 年以后北京市的体育场馆数量增速减缓，基本保持了相对稳定的态势。

（2）北京市体育赛事举办情况。2008 年奥运会为北京市体育赛事的发展带来了前所未有的机遇，奥运会之后许多大型国际赛事相继落户北京，据不完全统计，2009 ~ 2010 年期间北京市成功举办了 17 项、23 次国际重大体育赛事。主要包括：北京国际马拉松公开赛、中国网球公开赛、斯诺克中国公开赛、北京国际自盟场地自行车世界杯赛、ROC

---

① 资料来源：http://www.bjstats.gov.cn. 北京市统计局。

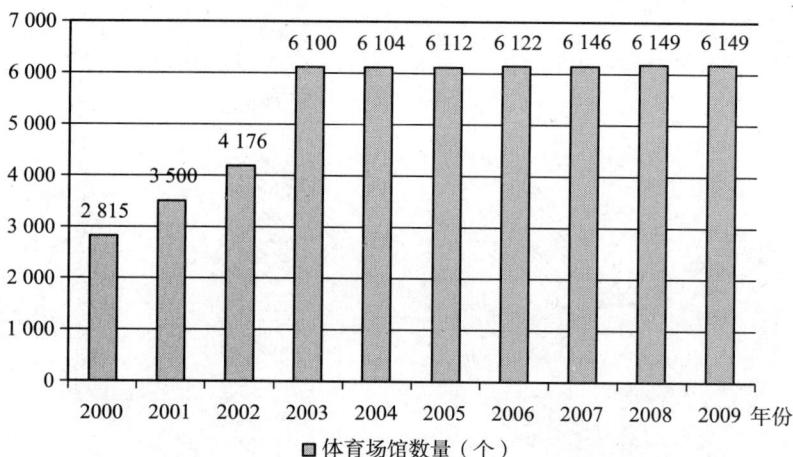

图 1-4　2000~2009 年北京体育场馆数量

世界车王争霸赛、NBA 北京赛、意大利超级杯足球赛、欧洲—亚洲全明星乒乓球对抗赛、北京国际马球公开赛、2010 年北京首届世界武搏运动会、国际铁人三项洲际杯赛、巴萨中国行国际足球友谊比赛、世界单板滑雪北京赛等。

　　5. 演出活动。北京市拥有深厚的文化底蕴，既是中国七大古都之一，也是一座现代化的大都市，传统的历史文化和现代的都市文化在北京和谐共存。北京的演出资源非常丰富，既有传统京剧戏曲等方面的演出，也有现代都市文化方面的演出。特别是近年来伴随着国家大剧院等大型演出场所的建成，进一步促进了北京市演出业的发展。从表 1-2 可以看出，北京市艺术表演场所的数量逐年增加，从 2005 年的 39 个增

表 1-2　　　　　　　　　　　北京市艺术表演场所状况

年份	数量（个）	观众坐席（个）	艺术演出（场次）	观众人数（万人次）
2005	39	63 160	26 931	542.9
2006	42	35 809	31 408	504.2
2007	43	41 552	34 946	553.3
2008	54	44 143	45 014	750.0
2009	73	51 740	59 464	791.0

　　资料来源：http://www.bjstats.gov.cn/北京市统计局。

加到 2009 年的 73 个；观众坐席数也在稳步增长。与此同时，艺术演出的场次同样增长较快，2006 年 3 万多场，2008 年达到了 4.5 万场，2009 年将近 6 万场。随着艺术演出场次的增加，观众人数也在随之增长，2007 年有 550 万人次观看艺术演出，到 2008 年迅速增加到 750 万人次。

三、北京旅游和会展的互动发展仍然受到体制、理念、政策等方面的制约

综合上述分析，我们可以看到，北京作为一个集政治、经济、文化、区位、人才等各种资源于一体的国际化大都市，在发展旅游和会展两个方面均具有得天独厚的优势条件。特别是近年来，北京市充分利用这些优势条件，通过各种经济、法律和行政的手段，积极推动两个产业的发展，取得了非常明显的成效。目前，不仅北京的旅游业在全国占据重要地位，会展业同样走在了全国的前列，这为两个行业互动发展以培育更大规模的产业集群奠定了坚实的产业基础。除此之外，从中央政府到北京市政府等不同层面，都已经比较深刻地认识到推动旅游与会展互动发展的重要价值，并通过政府文件、产业规划等多种方式就二者的互动发展提出了明确要求。

但是，政府这些关于推动旅游与会展互动发展的设想，最终是否能够落到实处呢？我们认为从目前情况看，仍然存在管理体制、思维理念、政策措施等方面的制约。首先，从旅游与会展活动的管理体制看，旅游主要由北京市旅游发展委员会管理，而会展活动则由商务局、贸促会、文化局、体育局、文物局等众多机构分散管理，由于旅游发展委员会与这些机构在业务领域属于平行关系，因而很难从行政管理层面推动其互动发展；其次，从旅游与会展的经济利益关系看，虽然丰富的旅游资源对吸引会展活动的参加者会起到一定的积极作用，但是从总体看，会展活动的外部经济性主要由旅游业获取，旅游业是会展活动的主要受益者之一，在这种情况下，如果会展组织者不能够从旅游业中获取补偿，那么与旅游互动的内在动力就会不足；最后，从企业层面看，如果政府不能够为企业在旅游与会展的产业集群内并购重组提供支持，企业

层面的互动发展也将面临很大困难。

那么，如何才能解决这些问题以切实推动旅游与会展的互动发展呢？本书以下章节将在已有研究的基础上，通过理论分析、国内外对比分析、案例分析等多种分析方法，力图对这一问题给出有说服力的回答，并在此基础上提出北京市旅游与会展互动发展的机制构想。

第三节 研究方法与框架

研究方法是科学研究的基础手段和技术路径，没有正确的研究方法，得不出正确的研究结论；而研究框架是对研究工作的总体设计和对研究内容的简要概括。本节将对本研究采用的主要研究方法及基础研究构架做一简要说明。

一、研究方法

研究方法主要是指研究的技术路径，正确的结论要依赖科学的方法。

（一）文献搜集方法

本书的文献主要采取三种途径获取：一是网络搜索，主要是通过中国期刊网等中外学术期刊网站查询杂志文献，通过北京各政府职能机构官方网站查阅相关统计数据、行业规划、政策法规等，通过百度等搜索引擎查询新闻报道、基础知识等获取信息资料；二是二手文献查询，主要是已经出版的研究书籍、政府公布的官方文件以及专题研究报告等；三是实地考察与访谈，为获取一手考察资料，我们对奥兰多、慕尼黑、中国香港、北京、上海、成都等城市进行了实地调研。

（二）分析方法

本书主要采取了文献分析、理论分析、实证分析、对比分析、案例分析五种常用的分析方法。

1. 文献分析。本书以国内外相关文献作为分析对象，综述了国内外关于旅游和会展互动方面的相关文献，具体包括内容分析、历史分析、文献统计以及国内外研究比较等。

2. 理论分析。理论分析主要是指借助一定的理论工具对研究的议题进行理论方面的阐述和分析，并以此作为应用研究的基础。本书利用产业链理论、产业集群理论、外部效应理论以及博弈理论等经济学基础理论，简要分析了旅游与会展之间的产业关系以及二者需要互动发展的理论基础。

3. 实证分析。实证分析主要是通过已经发生的事实来客观描述某件事情或者验证某种观点的分析方法。本书在对慕尼黑、维也纳、奥兰多、上海、成都等案例的分析中，主要是基于这些城市在推动旅游与会展互动发展方面的事实，来探讨他们在推动两个行业融合发展方面的成功经验。在对北京市旅游与会展互动发展现状的分析中，同样是基于北京近年来的具体措施来客观描述北京旅游与会展的互动发展现状。

4. 对比分析。本书将北京市和国内外具有代表性的城市在旅游业和会展业的互动现状和相关措施方面进行了比较，并结合北京市实际状况，寻求这些城市给北京市带来的借鉴和启示。

5. 案例分析。本书选取了国内具有代表性的城市上海、成都、中国香港，以及国外典型城市维也纳、慕尼黑、奥兰多等作为案例，以分析国内外旅游业和会展业互动方面的先进经验及对北京的启示。

二、研究框架

本书首先介绍了研究背景和研究设计，接着在对国内外旅游和会展互动方面的相关文献进行回顾和评析的基础上，运用经济学相关理论对旅游业和会展业的关系进行了简要的理论分析，然后借鉴国内外代表性城市的先进经验，并结合北京旅游和会展互动发展的现状及存在的问题，有针对性地提出了推动北京市旅游和会展互动发展的对策建议，并提出了框架性的互动机制。具体来说，主要包括以下七个章节：

第一章为研究背景与研究设计，主要是对北京市旅游业和会展业互动机制的研究背景、涉及的核心概念以及本书的研究框架进行了简单介绍。

第二章为文献回顾与评析。首先回顾了国内外旅游业和会展业互动方面的文献，对国内外文献的研究重点和研究方法进行了比较，并在此基础上提出了相关研究建议。

第三章为旅游业和会展业互动理论分析。主要运用产业链理论、外部效应理论、产业集群理论、博弈理论简要分析了旅游业与会展业的关系，为推动旅游业与会展业互动发展提供了理论依据。

第四章为国外成功经验及对北京的启示。本章选取了慕尼黑、维也纳等4个具有代表性的国外旅游和会展都比较发达的城市和地区作为案例进行具体分析，并从中发现了许多值得借鉴和学习的经验与措施。

第五章为国内成功经验及对北京的启示。本章选取了一直以来在国内旅游与会展排名中均位于前列的上海市、在亚太地区旅游与会展中均享有盛誉的香港特别行政区以及近年来旅游与会展发展迅猛的成都市作为案例，在总结其旅游业与会展业互动发展经验的基础上，结合北京的现状，通过归纳分析提出了一些可资借鉴的措施。

第六章为北京市旅游业和会展业互动现状和问题。本章主要从政府和企业两个层面，详细地分析了北京会议、展览、节庆、体育赛事、演出这五种不同类型的会展活动与旅游业的互动现状，并在此基础上指出了北京市旅游业和会展业互动中存在的问题。

第七章为研究总结和机制设计。本章首先简要总结了全文的分析过程以及得出的主要结论，然后据此有针对性地提出了推动北京旅游与会展互动发展的建议，最后基于前文的研究，为北京市推动旅游与会展的互动发展设计了一套相对完整的制度体系。

第二章　文献回顾与简要评析

　　随着北京奥运会、上海世博会等大型会展活动的成功举办，人们逐渐认识到旅游业与会展业互动带来的巨大效益。作为朝阳产业中两大重要的组成部分，旅游业是会展业的条件性相关产业，会展业是旅游业的动力性相关产业，会展活动以及设施可以作为旅游吸引物存在，旅游资源可以作为会展吸引物，增强会展活动的吸引力及其带来的乘数效应，二者相互依存，相互促进。作为第三产业，它们具有行业相关性强、经济效益和社会效益高等特点，除此之外，两者都需要调动广泛的社会资源，特别是需要便捷的交通运输、住宿、餐饮等为其服务。旅游业与会展业的互动包含两个方面的内容：一是会展业为旅游业提供高质量的客源；二是旅游业在吃、住、行、游、购、娱六个方面为会展业提供完善的配套服务。

　　从实践层面来看，国内许多大城市如上海、成都、杭州等纷纷出台了一系列相应的措施，大力推动旅游业与会展业的互动发展，而国外著名的会展之都如新加坡、慕尼黑等早在 21 世纪初期就将旅游业与会展业联合起来，共同推进城市形象塑造，实现其经济、社会、文化、政治等各个方面的巨大效益。从理论层面来看，旅游业与会展业互动逐渐成为国内外研究的热点问题，大量学者对旅游业与会展业的相互关系、互动的方法和模式、互动的影响等进行了相关研究，并对不同国家、不同地区的不同情况采取了有针对性的分析。为了构建一个完善的旅游业与会展业互动的理论构架，课题组对近三十年来相关的国内外学术文献进行了回顾，以系统了解行业间互动发展的研究现状。

第一节 国内文献回顾与评析

随着旅游业与会展业的蓬勃发展，国内对二者之间互动的关注持续升温，通过对中国知识基础设施工程（CNKI）中的"中国期刊全文数据库"、"中国期刊全文数据库 – 世纪期刊"、"中国博士学位论文全文数据库"和"中国优秀硕士论文全文数据库"查询得知，截止到 2010年 7 月，国内公开发表的关于此领域的学术论文达 554 篇，其中 2000年以前 1 篇，2000 ~ 2005 年 190 篇，2006 ~ 2010 年 363 篇。这些文献的研究重点主要包括如下内容：

一、旅游业与会展业之间产业联系的研究

我国会展旅游是在 20 世纪 80 年代后期逐渐兴起的，2000 年以后成为国内研究领域的热点，国内企业界、学术界和媒体开始以其为切入点，探讨旅游业与会展业之间的关系以及二者之间的融合。通过对这些文献的回顾，我们发现这些研究主要体现在以下几个方面：

（一）会展旅游的概念

关于会展旅游的概念，不同研究人员给出了不同的定义。其中，有代表性的观点主要包括：

1. 会展旅游是一种新型旅游形式。何建英（2004）认为："无限扩大会展旅游的内涵，使之包含本属并列关系的奖励旅游、体育旅游、节庆旅游等旅游形式，是毫无意义的，会展旅游是以会议和展览为主要吸引物，吸引旅游者前往会展举办地参加会议、展览及相关活动，满足旅游人际交流需求的一种综合性旅游产品"。卞显红和黄震方（2001）指出，"会展旅游是一项专业性极强，单团规模较大，停留时间较长的旅游方式，也是一项非常有潜力的高消费的专项旅游活动"。

2. 会展旅游是指旅游属性结合会展活动特点衍生出来的行为，但不包括旅游业对会展的多元化经营业务。如王保伦（2003）认为，"从

狭义的角度，将会展旅游界定为：为会议和展览活动的举办提供展会场馆之外的、且与旅游业相关的服务，并从中获取一定收益的经济活动"，文中没有提及广义角度的会展旅游。但作者解释为"我们所提倡的会展旅游不是让旅游企业去举办各种会议和展览，而是让旅游企业发挥行业功能优势，为会展的举行提供相应的服务"。魏小安（2002）认为，"会展旅游严格地说只是会展经济的一个组成部分，是一个总概念和属概念的关系，二者不能划等号"。

3. 旅游业涉及会展活动的行为就是会展旅游。许峰（2002）指出："毫无疑问，会展旅游的概念是一个舶来品，大多数学者都赞同它对应国外发达旅游国家所指出的 MICE 市场"。但又在文后补充说："会展旅游关心的不是开什么会、展览什么东西，而是如何为与会展相关的人员提供服务，从会展本身拓展到住宿、餐饮、娱乐方面，继而争取在游览、购物、旅行等方面创造需求"。王元珑等（2003）认为会展旅游即指国际上通称的 MICE，包括举办各类专业会议、博览、交易活动、文化体育盛事、科技交流、奖励旅游活动在内的综合性旅游形式。

（二）城市会展旅游

2001 年，随着我国加入 WTO，对外开放不断扩大，我国会展业进入蓬勃发展时期，与旅游业的互动日渐频繁。在 20 世纪 90 年代中后期理论研究的基础上，涌现了一大批以具体城市为研究对象，探讨城市会展旅游发展状况与对策，进而实现旅游业与会展业互动的实证性研究成果。周娟和胡平（2009）运用定量模型分析了香港会展旅游在城市旅游业中贡献的显著性问题，从以下几个方面指出了香港会展旅游发展路径，以期为国内其他城市发展会展旅游提供经验借鉴。这些路径包括：旅游业各个行业积极对接会展业、官方或半官方机构大力支持、香港良好的城市旅游形象、会展业与会展旅游的互动关系等。梁圣蓉（2008）在分析影响城市会展旅游发展要素的基础上，构建了城市会展旅游发展的动力机制，并用层次分析法给各个因子赋予了相应的权重，最后以武汉市为例计算了城市会展旅游发展的动力值，并依据研究结果分析了武汉市会展旅游产品的发展模式。戚能杰（2006，2007）同样利用层次分析法，建立了会展旅游城市竞争力评价系统，并以上海和杭州为样本进行了实证分析。

二、旅游业与会展业融合的研究

关于旅游业与会展业融合的研究，主要集中在对旅游业与会展业相互关系的研究、对旅游业与会展业对接现状的研究、对旅游业与会展业互动模式的研究以及对旅游业与会展业互动策略的研究四个方面。

（一）对旅游业与会展业相互关系的研究

随着会展旅游对社会经济的影响逐渐增大，旅游业与会展业之间的关系日益受到学术界的关注，但是对于两者的关系，学术界始终没有定论。一些学者认为会展业是旅游业的一个组成部分，例如赵毅和黎霞（2005）从会展活动和旅游活动的产业关系角度分析，认为会展活动是旅游活动，旅游业与会展业的关系无可争议，会展业是旅游业的一部分；还有一些学者将会展业与会展旅游业等同起来，进而讨论会展旅游业与旅游业的关系，例如杨亮（2002）认为会展业是会展旅游业的简称，会展业是旅游业的一个分支，既具备了大系统的普遍特征，又拥有子系统的独特个性，在整个旅游业中显示出自身强劲的发展势头；但是大部分学者都赞同旅游业与会展业是两个相互关联的不同产业，两者之间存在着相互促进的互动关系。例如，郭峦（2007）通过对旅游业与会展业的异同点和关联性进行分析，总结出了旅游业与会展业的关系，认为旅游业与会展业不是等同或从属的关系，也不是两个绝对独立的产业，旅游业是会展业发展的前提条件和基础条件，会展业对旅游业的发展有强劲的拉动作用；谢彦君（2008）等运用典型相关分析方法和线性回归法，从定量的角度来研究旅游业与会展业的关系，实证研究结果表明，旅游业与会展业之间存在相关关系，且旅游业对会展业的推动作用要大于会展业对旅游业的推动作用，因此进一步提出应该以旅游企业为切入点来设计会展旅游产品；朱华（2010）等运用产业融合理论分析了旅游业与会展业的联系，认为两者既相互区别又相互联系，旅游业与会展业之间具有很强的互补性，并且认为会展旅游是由旅游业与会展业通过产业间的功能互补和延伸而产生的。刘大可（2006）利用问卷调查的第一手资料，以到北京参展的参展商为例，一方面从总体层面分析了展览会举办期间参展商对展览举办城市旅游业的贡献，认为旅游业与会展业是两个密切相关的产业，会展业的发展能够给旅游业带来巨大的商机；另一方面从本地与外地参展商、海内与海外参展商、不同领导层级带队的参展商等不同视角，详细分析了不同因素对参展商旅游消费构成的影响，结果表明参展商对旅游业的带动效应主要是由外地参展商引起的，并且国外参展商的带动效应大于国内参展商；马勇和李玺（2003）认为旅游业与会展业同作为第三产业的重要部门，它们之间是一种相辅相成、动态发展、积聚效应、良性互动的关系；王云龙（2003）通过对会展活动和旅游活动的个性和共性的比较来区分旅游业与会展业，得出旅游业与会展业是两个性质完全不同但又关联紧密的行业；王磊磊（2007）从旅游业参与到会展业产业链和会展公司的组展流程的角度进行研究，总结出了该过程中两大产业的互动关系：（1）会展规划阶段——信息资源共享，配套服务紧跟；（2）销售运营阶段——联合营销；（3）展会后场地的后续利用——都市旅游的新亮点。

（二）对旅游业与会展业对接现状的研究

从国内学者目前的研究成果来看，尽管研究对象各有不同，但是大部分学者都指出我国目前旅游业与会展业的对接处于不成熟的初级阶段。皮平凡和林艳（2005）认为，现行中国旅游业与会展业关系十分松散，在许多城市，旅游业与会展业出现脱节，旅游业对会展业的支撑作用不明显，旅游业与会展业未能达成良性互动与双赢的局面；郭勋凯（2007）从管理体制、市场促销、配套服务、人力资源、综合效益等方面进行分析，得出我国还没建立起旅游业主动参与会展活动的互动模式，国内大多数城市的旅游业与会展业都存在着脱节现象；郑仕华（2009）以浙江省金华的会展旅游为例，分析旅游业与会展业的结合现状，得出金华市旅游业与会展业之间存在脱节现象，并对其产生原因进行了探讨；王春雷（2002）认为我国旅游业与会展业之间存在脱节现象，两者之间的关系模式属于外推关系模式，并从管理体制、市场促销、活动内容、配套服务以及展会效益五个方面进行了分析。

（三）对旅游业与会展业互动模式的研究

旅游业与会展业作为"无烟产业"，对经济的发展做出了重要的贡献，但是目前我国旅游业与会展业的互动处于初级阶段，为了使旅游业与会展业成为名副其实的支柱产业，需要进一步推动两个产业的融合。实践需要理论的指导，我国不少学者在旅游业与会展业的互动模式方面已经做了很多的研究。例如，郭峦（2007）提出城市旅游业与会展业的整合发展战略模式，认为应该构建具有发展会展和旅游双功能的产业即双动力源会展旅游产业，并对模式中的动力源与产业整合进行了详细的阐述；张文建、史国祥（2007）分析了旅游与会展产业形成基础的互补性和发展动力的趋同性，并且提出了会展业与都市旅游业互动发展的新业态模式：都市会展旅游、都市奖励旅游、都市商务旅游、都市节事旅游以及都市咨询旅游；皮平凡和林艳（2005）根据旅游业与会展业之间的内在联系，重点探究了会展旅游的联动关系模式和具体运作模式，提出了旅游业与会展业之间需要建立新型的互动发展模式；谢彦君（2008）等人运用实证分析方法对旅游业与会展业的关系进行了分析，并提出了旅游业带动会展业、以旅游企业为切入点来建立科学的互动模式；王春雷（2002）认为会展旅游是旅游业与会展业之间新的互动发展模式，他从剖析会展旅游发展模式的内涵入手，以大量的事实和数据为支撑，对中国会展旅游的现行发展模式进行了归纳分析，并总结出旅游业与会展业的外推关系模式、会展旅游的空间集散发展模式以及会展旅游的无序化运作模式；王保伦（2003）认为，会展业的发展需要旅游业为其提供相关服务，政府需要在明确会展旅游概念的基础上，依据旅游业与会展业的特性，结合我国旅游企业的行为特点，围绕协会功能的发挥和行业规则的建立，构建旅游业与会展业协同发展的模式，推动我国旅游业更深地融入会展业中；马勇、李玺（2003）在对旅游业与会展业相关性分析的基础上，对旅游业与会展业实现互动发展的关键性要素和发展模式进行了探讨，提出了会展与旅游联动关系模式、会展与旅游空间发展模式以及会展与旅游具体运作模式。

（四）对旅游业与会展业互动策略的研究

1. 会展企业与旅游企业的互动。旅游业与会展业的互动归根结底是企业之间的相互协作，从已有文献看，这种协作关系还不成熟，仅仅停留在酒店为会展活动提供住宿接待和旅行社滞后接待会展参与者的层面上。例如，屈真（2005）指出："会展企业和旅游企业应当共同针对展会的主题、营销计划、服务接待计划进行可行性分析，选择企业所能够参与的部分。会展企业负责展会的招募、宣传、布展和会场内的组织管理工作，旅游企业则向参展商和参观者提供场外的六要素服务"；郭峦（2007）分析了旅游企业在会展业中的地位及企业性质的变化，并对建立会展型旅游企业和进入会展核心行业两种不同的发展途径进行了分析；于永海（2009）从"增加—创造"思路出发，分析了会展企业与旅游企业之间关系的优化，即增加新因子发掘新需求——会展旅游，创造合作机会、节约交易成本——战略联盟；陈玲（2004）指出"在市场营销上，会展部门应和旅游部门合作，开展联合促销，即使是会展企业单独开展促销活动，也应将会展与城市及其周边的旅游资源和旅游接待设施结合起来；在配套服务上，旅游企业应积极为参展商、与会者和观众提供食、住、行、游、购、娱等一系列服务，并尽量将丰富多彩的旅游节庆活动与大型会议或者展览结合起来，最终形成一种良性循环"；张红卫（2008）通过分析长沙会展业发展对饭店业的影响，提出："饭店业与会展业的协同发展，不是企业与企业的简单相加，而是整个行业在资产、人才、管理等方面全方位的融合与质的提升"；杨梅（2002）指出"旅行社应利用在食、住、行、游、购、娱六方面强大的供应和促销网络，配合会展企业同步宣传，以造声势，并主动出击，承揽会展活动的组织和接待工作，为会展活动提供翻译、导游服务"，同时配合会展企业，开展会议、展览、奖励旅游。

2. 会展管理部门与旅游管理部门的互动。政府和行业协会在旅游业与会展业互动中的位置和作用是众多学者研究的焦点。例如，郭淳凡（2003）提出在会展管理部门之下设立会展旅游分支机构、成立全国性的会展旅游协会，并协调好政府管理机构与会展旅游协会在行业管理中的关系，构建适合我国国情的行业管理模式；何建英（2004）分析了会展旅游行业协会与会展旅游局工作的异同，阐明了会展旅游行业协会的职能主要体现在以下几个方面：为政府会展旅游主管机构和会展旅游企业献计献策、制定会展旅游行业公约、负责对展会的资质进行评估和认证、面向会员单位提供会展旅游咨询服务和行业培训工作、积极开展对外交流与合作；谷玉芬（2004）指出在会展旅游的发展初期，离不开政府，会展旅游需要依赖政府，但是随着会展旅游规范化、法制化、市场化等方面改革进程的加快，政府对于会展旅游的作用将呈现逐步弱化的趋势，认为"政府参与主办、企业具体承办、逐步实现产业化的发展模式"将成为会展旅游发展的主导方向，政府应当更多地发挥领导、主导、引导和指导相结合的导向性作用。

3. 会展人才与旅游人才的互动。旅游业与会展业的互动发展，需要一支高素质的专业人才队伍，结合我国的实际情况，相关学者做了以下研究。樊英（2009）以广州为例，分别从旅游业与会展业两个方面讨论了人才培养策略，如"在本地高等院校的国际经贸、外贸英语、旅游管理等专业设立会展方向，努力培养出一批掌握会展业一般规律，懂经济、会管理，并善于利用英语、计算机等工具处理会展业务的复合型人才"，"加大导游人员和旅游管理人员培训密度，针对实用性和操作性，积极邀请一批国内知名专家举办专题培训班，提高从业人员素质"；郑仕华（2009）针对金华旅游业与会展业发展的现状，提出通过教育机构、行业协会、企业根据自身需要选派公司员工到高层次会展旅游公司和高校会展专业学习、从外地引进等四个途径培养会展旅游人才；蒋昕（2006）提出会展人才包括了会展核心人才、会展业辅助性人才以及会展业支持型人才。其中，会展业支持型人才包括高级翻译、住宿旅游接待等人才，这类人才与旅游业的相关性最强，并提出了宽厚基础与专业特色技能并重、校企合作、中外合作的培养模式。

4. 会展服务产品与旅游服务产品的互动。旅游业与会展业的互动，需要相应的产品为载体来推动，从近年来的众多文献中可以看出，如何设计合适的产品来促进两个行业的衔接是研究的热点。谢彦君等（2008）运用典型相关分析方法和线性回归方法，从定量的角度分析并指出将会展纳入旅游产品生产中，产出会展旅游产品，同时旅游企业应将入境旅游者与国外参展商的旅游偏好结合起来设计旅游产品；张红卫（2008）针对长沙会展业与饭店业现状提出，饭店业应为会展客人提供专业化的服务产品，即饭店改善硬件设施和软件服务满足会展客人的要求，同时指出饭店信息化系统可以成为会展活动主体与饭店的中介，将饭店与参展商、专业观众连接在一起；朱华等（2010）运用产业融合理论分析了成都旅游业与会展业互动的状况，提出："针对参加工业展览会的参会者可推出投资考察游等专项旅游产品，针对参加会展活动后减轻压力、放松心情的需要推出乡村休闲旅游，针对希望了解会展旅游城市的需要推出成都历史文化名城二日游"；李宏、韩渝辉（2005）为旅行社开发会展旅游产品提出了新思路，即"1 + X"会展旅游产品策略，其中"1"是旅行社在会展期间的组织和接待服务，也是旅行社开发会展旅游的主体产品，是固定不变的，"X"是旅行社开发会展旅游的延伸产品，由于不同人的需求不同，因而"X"是变化的，在实际业务中，旅行社可以通过"X"的变化满足会展旅游者对会展旅游产品需求的多样性，将与会者转化为会展旅游者；张文敏、李晓莉（2004）提出了会展接待 +"X"点菜式产品策略，旅行社将会展期间的酒店、接送、餐饮等基本服务做成主体产品，将其他配套服务及产品做成菜单"X"，由客户根据自己需要灵活选择，自由组合，"X"既可以是翻译等单项服务，也可以是各种旅游产品的组合。

第二节　国外文献综述与评析

国外会展业起步较早，发展比较成熟，对旅游业与会展业的研究繁荣于 20 世纪 90 年代，以会展旅游 MICE（Meetings，Incentives，Conventions，Exhibitions）为主要研究对象的大量文献涌现出来，而新发展的 MICEE 中包含了节事活动（Event）。本部分主要对《旅游管理》（*Tourism Management*）、《旅行研究杂志》（*Journal of Travel Research*）以及《旅游研究纪事》（*Annals of Toursim Research*）3 个具有国际影响的旅游期刊上发表的有关会展和旅游的相关文献进行了梳理，其中1985 ~ 1990 年 14 篇，1991 ~ 1999 年 19 篇，2000 ~ 2008 年 18 篇。有关研究主要体现在以下几个方面：

一、旅游业与会展业的关系

从已有的文献看，国外学者大多认为会展业是旅游业的一部分，二者相互促进。例如，奥博曼（Oppermann，1996）指出：会展业目前已经被视为旅游业中最兴旺的部门之一，会展旅游具有组团规模大、消费档次高、停留时间长、季节影响小、利润丰厚等优点而日益引起世人的关注，并认为海外与会者可以增加淡季旅游需求，使旅游业的淡季不至于太淡；盖茨（Getz，1989）认为特殊活动是一种特殊的旅游产品，分别从事件旅游、旅游者体验、组织者、社区发展以及有形产品五个角度对这种特殊旅游产品进行了定义，指出特殊活动不能仅仅被视作旅游吸引物，它的成功与否在很大程度上取决于活动对社区的影响、观众从活动中获得的利益、组织方的目标和行动以及活动对旅游业的贡献，并且认为它正在成为旅游业发展的主流；希勒（Hiller，1995）认为大型会议活动是一种特殊的旅游活动，旅游产品能为目的地举办大型会议活动提供相应的设施；查科和沙弗（Chacko and Schaffer，1993）认为交易会、节事活动以及其他社区举办的特殊活动是一种旅游产品并且是旅游产业不断增长的推动力；盖茨（Getz，1991）认为社区开发新的节事活动是延长社区作为旅游目的地生命周期的一种重要战略手段；伯根和穆利斯（Burgan and Mules，1992）认为在近年来世界旅游业的发展过程中，运动赛事起着至关重要的作用，这些赛事能够给举办地带来许多旅游者，有利于旅游业的长期可持续发展。

二、会展组织者与旅游组织者的互动

旅游业与会展业互动的过程中，管理部门之间的合作起着至关重要的作用，大多数文献从会展管理部门和旅游管理部门两个方面论述了各自在互动过程中的角色定位和职责。例如，盖茨和弗里斯比（Getz and Frisby，1988、1989）认为社区管理的节事活动应该作为旅游吸引物来看待，要增加其有效性，旅游组织部门应当做以下工作：确立正式的目标，认识到节事的多样性和社区影响；在参与者预测、调查和营销计划中为管理者提供技术支持；因为特殊事件对旅游有重大影响，所以应该由旅游组织者而不是节事组织者来为志愿者提供培训、激励和奖励措施；旅游组织者应向节事活动提供资金帮助，改善节事计划；把众多的节事活动打包成季节性的、主题性的、地域性的产品，使其对参与者产生导向性；建议节事的主题应该顺应主办城市环境趋势和文化历史以便于营销工作的开展。辛格和胡（Singh and Hu，2008）认为举办奥运会对任何国家而言都是一项重要的投资，奥组委和旅游部门应当通过合作来促使长期利益最大化。他们通过对奥组委与目的地营销组织的高层管理者的访谈，认为奥运会的举办流程以及奥运会举办过程中这两个组织之间的合作与协调至关重要，其中他们提出两个组织应该在提升产品和服务质量方面做出努力，在战略制定方面应该侧重如何提高后奥运时期旅游业的长期收益，打造旅游的强势品牌，最后他们提出了这两个部门之间战略性的合作框架并且从四个角度进行了说明。韦伯（Weber，2001）认为目的地信息和预订系统是会展组织者最常用的服务，然而即使有些服务是免费的，许多会展组织者仍然不利用会议旅游局为其提供的这些服务，主要原因在于人们对会议旅游局的功能与服务不了解，误以为会议旅游局对小型会议不感兴趣；萨利赫和瑞安（Saleh and Ryan，1993）指出节事活动是旅游业发展的动力源泉之一，它能够吸引区域外的旅游者并引导他们在该区域进行消费，但是节事观众来访的主要目的是参与节事活动，因此旅游业主管部门应该致力于延长观众在活动后的逗留时间以及扩大他们的活动空间，通过会展业大力推进旅游业的发展；克朗普顿和麦凯（Crompton and Mckay，1997）指出节事组织者应协调好与社区居民的关系，组织者与社区居民双方在节庆目的上达成一致，即在尊重、展示文化传统的同时获得经济效益；福特和佩伯（Ford and Pepper，2007）认为资金来源、工作职责、技术发展、信息传递和市场竞争是会议旅游局未来将面临的五大挑战；希勒（Hiller，1995）提出将包价旅游引入到会展旅游中，会展组织者希望得到类似于大众旅游的包价旅游产品，其内容包括：机票订购、租车服务、旅馆预订、当地特色主题活动和会前会后的旅游活动，因此旅行社可以根据不同的会展市场，制定具有特色的专门旅游线路，或只提供其中的一项或几项服务，拓展旅行社的目标市场。

三、旅游业与会展业互动的影响

旅游业与会展业的互动发展产生了一系列积极和消极影响，从目前的文献来看，有关经济影响的研究相对成熟，而针对社会和环境影响方面的研究相对较少，主要集中在以下几个方面：

（一）会展旅游的社会影响

社会影响主要是指会展旅游活动给举办地或者周边地区的政府、居民、企业等带来的文化、政治、软硬件等诸多方面的影响。大量文献肯定了会展旅游的积极效应，但是不少学者也发现了一些负面影响。

1. 会展旅游正面影响。例如，里奇和史密斯（Ritchie and Smith，1991）通过收集和分析 1986～1989 年期间美国和欧洲 20 个中心地区的数据，认为一个中心地区举办一次大型会展活动能够吸引全球的目光，但是同时也有积极和消极的影响。从旅游的角度来看，作者赞同大型会展活动能增强举办地在国际市场上的形象，长时间内旅游业的竞争力会增强，但同时也指出，城市如果想通过大型会展活动改善形象，必须首先预期到形象的衰退，并做好克服一切负面影响的措施；普伦蒂斯和安德森（Prentice and Andersen，2003）指出，爱丁堡通过节事旅游宣传和定位，成功地修正了旅游者对苏格兰的印象，获得了综合效益；古尔索伊等（Gursoy et al.，2004）建立了一个节庆和特殊事件影响的测量模型，从社区凝聚力、经济利益、社会诱因、社会成本四个方面，指出节日和社区活动有助于增强社会的凝聚力，为当地社区创造额外的社会奖励，其社会效益远大于社会成本，但是也会带来破坏社区形象和社区居民团结的负面影响；饶（Rao，2001）指出节庆活动能够为当地社区成员提供一个特定的场所，使他们聚在一起，共同参加愉快的活动，活动本身在建立信任和社区成员之间凝聚力方面的重要性已经超出经济创收；里奇（Ritchie，1989）认为标志性节事活动能提高当地旅游业的产业地位，增加省级和市级政府在旅游发展方面的预算，旅游教育和培训也将成为政府基金优先考虑的对象。

2. 会展旅游的负面影响。例如，金等（King et al.，1993）指出了会展旅游存在通货膨胀、交通拥挤、犯罪率上升等方面的负面影响；匹赞姆（Pizam，1978）认为影响游客和居民关系的因素主要是游客量，另外，文化差异、经济发展不平衡、活动的空间分布不平衡也是导致这些负面效应的原因；赫伦德恩（Herendeen，2004）指出，参加会议会带来严重的能源损耗，如在旅行过程中乘坐飞机、汽车、火车和私家车等，此外在住宿、会议登记、饮食方面也会造成资源浪费；布拉德利等（Bradley et al.，2002）肯定了伯明翰会议中心带来的潜在就业机会，指出英国地方政府在促进会展业快速发展的同时带来非经济利益，如形象提升、居民自豪感增强等，但是也产生了一些问题，如生活成本增加、社会经济利益的再分配不均衡、国际或地区层面上城市间导致"零和竞争"等。

（二）会展旅游的经济影响

会展旅游不但有利于举办地的形象塑造，而且通过口碑效应能够促进当地旅游业的发展，与此同时，其巨大的经济效益受到了业内人士和学术专家的广泛认可，这种经济效益主要体现在会展旅游对酒店、交通、餐饮等旅游消费和对城市或区域整体经济水平的拉动上。例如，龙和珀杜（Long and Perdue，1990）研究了美国科罗拉多州 1986 年举办的卡拉尔乡村艺术和手工艺节以及卡本达山地交易会相关花费的空间分布情况，在所有外来人员与节日相关的花费中，69.7% 是在展会举办地消费的；布劳恩（Braun，1992）分析了 1989 年会议对奥兰多和佛罗里达两个城市的就业、产出、收入等方面产生的直接影响、乘数效应和总体的影响，在奥兰多，会议代表、协会成员、参展商的消费超过 10 亿美元，而带来的经济影响远远超过 10 亿美元，仅与会代表在会前和会后的旅游消费就达到 4.43 亿美元；墨菲和卡迈克尔（Murphy and Carmichael，1991）用三角剖分法测定了旅游消费与标志性节事活动的关系，并以在英国纳尔逊举办的冬季运动会为例，发现参会人员中 29% 的参观者和 94% 的参赛人员均来自外地，4 天共为当地经济贡献了 50 万英镑，其中旅游花费 479 516 英镑；费尔森斯丁和弗莱舍（Felsenstein and Fleischer，2003）调查了以色列北部每年都举办的两个当地节日活动——音乐节和戏剧节，通过对公共援助和游客的开支模式的数据分析，发现公共援助对当地经济增长有温和积极的促进作用，应当将其纳入旅游战略中；游客消费使当地收入发生了变化，因而应当通过改善游客的基础配套设施，鼓励将节庆活动同当地旅游结合起来；舍伍德（Sherwood，2007）专门研究了 85 个在澳大利亚举办的节事活动的经济影响，他认为虽然经济影响的评估结果不一致，但是经济影响的研究已经比较成熟。

四、会展旅游者决策行为

了解会展旅游者的决策行为过程，有助于会展旅游组织者针对不同的群体开发出不同的会展旅游产品，以便更好地促进旅游业与会展业的互动发展。国外学者对会展旅游者的决策行为进行了大量的研究，例如，奥博曼和钱（Opperman and Chon，1997）从大型会议旅游的会议地点选择以及参会者参会决策的角度提出了两个模型：一个模型揭示了大型会议旅游活动中的协会、举办地、与会者三方之间的互动关系；另一个模型从潜在与会者角度考察了其参与会议的决策过程，提出了四种影响因素：（1）个人/商务因素；（2）组织者/大会因素；（3）举办地因素；（4）会议期间的干扰机会。张等（Zhang et al.，2007）在奥博曼和钱（Opperman and Chon，1997）提出的影响与会者决策过程的因素模型基础上，构建了新的与会者决策影响因素模型，增加了观光机会、餐馆设施、酒店设施、旅行距离等旅游业要素；杨和钱（Yoo and Chon，2008）在前人研究工作的基础上，结合实地走访，并通过网络对一部分协会成员进行调查，认为影响会议参与者决策的因素主要包括目的地刺激、行业交流机会和社交机会、教育机会、安全和健康状况、旅行可能性五个方面；瓦（Var，1985）利用在美国北部各个城市举办的美国政治科学协会的会议数据，分析了会展旅游参会者参加会议与否的决定因素，并得出举办地的可进入性对参会者来说远比其他因素更重要；克朗普顿和麦凯（Crompton and Mckay，1997）通过对不同节事类型的评估，用"逃生—寻求"二分法和"推—拉"因素概念框架测定了促使旅游者参加节事活动的文化探索、新奇事物、外部互动性等动机。除此之外，还有一部分学者以行为动机为依据将会展旅游者划分成不同的群体。例如，常（Chang, 2006）对台湾鲁凯族的土著节事活动旅游者进行了研究，根据旅游动机将旅游者分为三类并揭示了这三类群体的特征：一是了解土著文化者；二是改变平常生活方式，寻求不同体验者；三是主动探索文化者。其中，探索文化是所有动机中最重要的因素，但并不是所有的旅游者对体验节事文化都有着相同程度的兴趣，对细分土著文化的旅游者来说，动机变量比人口统计变量更加有效；福米卡和乌伊萨尔（Formica and Uysal, 1998）以意大利斯波莱托艺术节为例，用市场细分法探讨了游客的行为、动机和人口学特征，分别用因子分析法确定出席国际文化历史事件的主导动机，用聚类分析法识别基于激励行为动机的受访者群体，在此基础上将游客分为爱好者和温和派，二者在年龄、收入和婚姻状况上各不相同，并据此指出节事管理者应该采取不同的营销策略；朴等（Pyo et al., 1988）通过对奥运会旅游者行为的研究，将奥运会期间的旅游者分为两类，一类是普通的旅游者，这类旅游者主要对举办城市以及它的文化或商业感兴趣，而不是对奥运会有直接兴趣，另一类是运动爱好者，他们对奥运会感兴趣，而且研究发现他们不如普通旅游者富裕，花费通常比普通旅游者更少些。

五、会展旅游目的地营销

会展旅游目的地只有锁定自身的目标顾客群体，以相应的产品或服务、价格、分销、促销等要素的组合，才能取得相应的竞争优势以支撑会展旅游的发展。国外学者大多从两个方面来探讨目的地的营销问题：

一方面，部分学者针对不同会展旅游目的地提出了相应的营销策略和措施。例如，朴等（Pyo et al., 1988）通过对奥运会期间旅游者行为的研究，提出了相应的奥运会主办地的市场营销策略，具体包括：（1）首先应该对能够提供大量客源的区域进行筛选；（2）找到目标群体，不论是运动爱好者还是普通旅游者；（3）有针对性地提供给目标群体其所需的信息；（4）充分利用旅游代理商的优势，它们可以作为有效的市场推广渠道，激励旅游者到奥运会举办地旅游，因为那些对奥运会举办地不熟悉的游客，更加倾向于通过旅游代理商来购买报价旅游产品；艾云和桑德勒（Irwin，Sandler，1998）在对大学运动赛事的球迷行为进行研究的基础上，提出举办地的旅游机构应该与大学合作，在大学运动赛事市场上进行联合营销，为潜在的赛事旅游者提供所需的与赛事举办地相关的信息；安和艾哈迈德（Ahn and Ahmed，1994）认为在大型事件中，奥运会在国际上受到的关注最大，是东道国旅游业进行市场营销的一个重要资源，他们认为举办奥运会为东道国将自己作为旅游目的地营销给潜在的旅游者提供了良机，因此诸如奥运会之类的大型活动有助于东道国的旅游业抓住市场长期潜在需求；王和费森麦尔（Wang and Fesenmaier，2006）指出，目的地营销的关键就是与会展组织者建立长期的合作关系，积极稳定的合作关系对于目的地实现经济效益、提高声望和减少风险至关重要。

另一方面，还有一部分学者研究了会展旅游目的地营销组织即会议旅游局的职能作用。例如，莫里森等（Morrison et al.，1998）提出美国会议观光局在会展旅游中的主要作用是目的地营销，旨在建立并推广适于会展旅游的良好城市形象，为会议组织者提供目的地产品信息，代表目的地从事会议和展览促销，组织促销活动以及提供会展方面的相关服务；王和费森麦尔（Wang and Fesenmaier，2006）认为美国会议旅游局还处于信息技术使用的初级阶段，主要是利用网站发布目的地和产品相关信息，事实上会议旅游局应该更多地发挥信息技术的高级功能，例如网络广告发布、在线预订和销售等。

六、城市社区研究

大量的国外研究表明，城市社区已经成为旅游业与会展业互动研究中重要的切入点，其中涉及会展活动参与者、组织者等与社区居民的关系。例如，德乔和巴尔奥卢（Deccio and Baloglu，2002）运用社会交换理论研究了主办社区以外的居民对 2002 年冬奥会的感知度及其前因后果，调查显示，虽然居民们知道奥运会可能带来机会，但是大部分并不认为能给当地带来影响，环保意识强的居民不支持奥运会，而经济上依赖旅游业和对户外活动感兴趣的居民普遍支持奥运会；并指出在诸如奥运会等大型活动前期，市场营销应该着重强调当地居民与政府旅游机构的互动，加强社区旅游教育，开展研讨会等，一旦居民感受到将从此类事件中获得社会、经济方面的利益，他们会积极参与进来。里奇等（Ritchie et al.，1985、1987、1990）从 1984~1988 年期间对加拿大卡尔加里举办的第 15 届冬季奥运会做了持续不断的研究，发现大部分当地居民自始至终对奥运会持积极和支持的态度，通过会后对居民意识、知识和感知度等一系列同奥运会相关因素的分析，指出奥运会在经济和其他方面都对卡尔加里有积极的影响。惠特福德（Whitford，2004a、2004b）研究了澳大利亚会展旅游作为区域发展推动工具的相关政策，发现有关政策并没有认识到会展活动在推动区域发展中的重要角色，而仅仅强调社会文化层面的意义。

第三节　国内外研究状况对比分析

一、文献数量

国内方面，2000 年以前的文献数量仅占文献总量的 0.2%，2000~2005 年占 34.3%，2006~2010 年占 65.5%，可以看出国内有关这一领域的文献绝大部分是在 2000 年以后涌现出来，并呈现不断增长的趋势。国外方面，通过对 3 个具有国际影响力的旅游期刊上发表的相关文献进行梳理得出 1985~1990 年、1991~1999 年、2000~2008 年文献数量分别占 27.5%、37.3%、35.3%，其中大部分的文献出现在 2000 年以前。通过对比分析说明，国外针对旅游业与会展业互动的研究繁荣于 20 世纪 90 年代，而国内有关这一领域的研究还处于成长期，基础理论、研究方法等方面还未成熟，国内学者应当在今后的研究中借鉴国外优秀的研究成果和研究方法，为旅游业与会展业的互动发展构建一个更加完善的理论体系。

二、基础理论

通过对国内外已有文献的回顾，发现国内外学者在对旅游业与会展业互动发展的基础理论方面的认识上存在着较大分歧。主要体现在对会展旅游概念的界定以及旅游业与会展业的关系两个方面：

（一）关于会展旅游概念的界定

国外对会展旅游的研究从 20 世纪 70 年代初期至目前已经较为成熟，大多数国外学者认为会展旅游是指包括各类专业会议、展览会与博览会、奖励旅游、大型文化体育盛事等活动在内的综合性旅游形式。而我国对会展旅游的研究始于 2000 年前后，起步较晚，对会展旅游概念的认识由于切入的角度不同，结论亦有所不同。对基础概念认识的不清晰导致了国内许多会展旅游研究呈现出一种倾向，即将会展业取代会展旅游进行研究，有些文献标题是会展旅游，但实际内容却在讨论会展业。一个事物的研究首先是概念的界定，只有概念界定清楚了，才能准确地找到研究的对象，建立统一的研究范式。因此我国学者有必要对会展旅游的概念进行深入研究，形成相对统一的认知。

（二）旅游业与会展业的关系

从已有的文献来看，虽然国内外学者都认为旅游业与会展业相互促进，但是对旅游业与会展业之间关系的认知仍有较大分歧。由于研究切入的角度不尽相同，国外学者普遍认为会展业是旅游业的一个部分，而国内学术界对旅游业与会展业的关系仍然缺乏定论。总体来看，大部分国内学者认为旅游业与会展业是两个相互区别又相互联系的产业。

三、研究方法

国外大多数研究以定量方法为主，运用了投入—产出、逃生—寻求、重要性—满意度等多种分析方法和模型，国内研究主要是依靠相关的基础理论以定性分析为主，虽然有不少学者尝试用一些主流分析方法，但是仅仅集中在讨论城市会展旅游发展方面，而针对旅游业与会展业之间如何互动的实证性研究成果较少，和国外仍有较大差距。

四、研究重点

通过对相关文献的对比发现，国内外学者研究的侧重点有所不同，主要有以下五个方面：

1. 国内外的研究都肯定了政府在旅游业与会展业互动过程中的重要作用，其中国外以会议旅游局为代表，探讨其在互动过程中的作用；国内研究主要集中在讨论政府、行业协会和企业的相互关系及其互动过程中的角色定位和职能上。

2. 国外研究大多关注旅游业与会展业互动的社会、经济影响，其中以经济影响方面的研究最为成熟。除此之外，二者互动给环境带来的一系列影响也开始成为研究的热点。而国内的研究主要集中在会展业对旅游业的经济拉动层面，对于二者互动产生的社会、环境影响提及较少。

3. 国外针对会展旅游者行为动机及决策的研究较多，普遍认为掌握不同会展旅游者行为的影响因素和特点，可以开发出有针对性的产品，能够更好地提高会展旅游活动的效果和参与者的积极性；比较而言，国内的研究很少涉及这个问题，只有少数学者提出会展参与者向旅游者转化是实现旅游业与会展业良好互动的关键。

4. 从目前掌握的文献来看，国外研究有一个非常显著的特点，就是从城市或社区居民的感知度来探讨旅游业与会展业的互动，并认为居民的感受对会展旅游活动的成功与否有着至关重要的影响，指出只有协调处理好会展活动举办地居民与活动本身及参会者、当地政府、营销机构等方面的关系，才能提高公众对活动的认可度，从而塑造城市社区的良好形象；国内的文献大多从城市整体发展的角度来说明旅游业与会展业之间互动的必要性和相应的策略。

5. 由于国内外旅游业与会展业发展的进程不一致，虽然国内学者对旅游业与会展业的对接现状、互动模式进行了较为深入的研究，但是这些研究主要停留在抽象层面上，较少与实际的会展旅游活动结合起来；而国外学者更多的是以具体的会展活动为案例探讨旅游业与会展业的互动发展，针对互动发展过程中出现的问题提出相应的解决办法。

第三章　旅游与会展互动发展的理论基础

旅游业与会展业是既有联系又相互区别的产业。一方面，会展业的发展需要食、住、行、游、娱、购这六大旅游要素的支持；另一方面，会展业的发展给旅游业带来高端客源。旅游业与会展业相互依存、相互促进、相互支撑、互相推动。旅游业与会展业同属于第三产业，存在着共性，都提供无形的服务产品，都是综合性强、带动面广、关联程度高的产业，并且产业的发展需要众多行业部门的支持，旅游业与会展业有很多链条重合。因此，本章内容试图从理论层面上分析旅游业与会展业互动的关系，为促进旅游业与会展业协调发展提供理论依据。

第一节　产业链理论分析

一、产业链基本理论

产业链是一种或几种资源通过若干产业层次不断向下游产业转移，直至到达消费者的路径。它是在市场竞争中自发形成的企业之间的一种关系，即针对某一产业，围绕生产要素流向，分析行业之间上中下游的供应关系，确定投入产出的价值比。从某种程度上说，产业链的实质就是产业关联，而产业关联的实质就是各产业相互之间的供给与需求、投入与产出的关系。产业链通常包含以下四层含义：一是产业链是产业层次的表达；二是产业链是产业关联程度的表达，产业关联性越强，链条越紧密，资源的配置效率也越高；三是产业链是资源加工深度的表达，产业链越长，表明加工可以达到的深度越深；四是产业链是满足需求程度的表达，产业链始于自然资源、止于消费市场。

产业链可分为垂直的供需链和横向的协作链。从垂直的分工角度来看，产业链实质是垂直供需链，它是在一种最终产品的生产加工过程中，从最初的资源或原材料一直到最终产品到达消费者手中，所包含的各个环节构成的整个纵向链条。在一个产业链中，每个环节都是一个相对独立的产业。因此，产业链就是一个由多个相互链接的产业所构成的完整链条。垂直的供需链一般是针对制造业而言的。从横向的关联角度来看，泰勒尔（Tirole，1988）提到了下游厂商使用数种投入品来生产最终产品的情况，此时下游厂商可以是一个生产者，也可以是一个向消费者销售互补性产品的零售商。对于服务业来说，厂商提供服务的过程中所需的各种投入品之间存在着互补情况。

二、会展产业链和配套半径

会展业属于现代服务业，提供会展服务所涉及的各个产业之间具有横向关系或协作关系。组展商是下游企业，也是会展服务提供商。组展商直接购买或者向参展商和观众推荐上游产业，如会展场馆、住宿业、餐饮业、旅游业、交通运输业、邮电通讯业等众多产业的产品，通过资源整合，最后提供给参展商和观众一个交流的平台。所涉及的产业除了上面提到的之外，还包括策划业、咨询业、视听设备供应商、广告代理商、装饰装潢供应商、娱乐供应商、保险经纪人和承销商、印刷商等。可见会展服务分工越细，所涉及的上游产业越多。会展服务质量的高低，会展产业竞争力的强弱，与会展服务分工程度和产业配套完善程度密切相关。

进一步来看，会展产业链分为产业内链和产业外链。产业内链所涉及的产业是指那些必须在会展举办地配套的产业；产业外链所涉及的产业是指那些可以在更大范围内选择其产品的产业。由于我们把会展产业链分为产业内链和产业外链，就需要确定内链和外链的配套半径，这里的配套半径是指可以获得产业链上所涉及产品的地理范围的大小。从理论上讲，对于会展产业内链来说，产业配套半径应该尽可能小；而对于会展产业外链来说，产业配套半径可以很小，也可以很大，主要因为产业外链的配套半径与会展产品的规模和服务的分工程度有关。但产业配套半径会与某些产品和服务的采购成本成正比例关系。因此在扩大产业配套半径的同时，要考虑到采购成本增加的问题。①

三、会展与旅游产业链分析②

会展与旅游产业链是会展活动和旅游活动的相互延伸，一方面会展企业通过直接购买或投资、合作等方式来获得会展活动所需的服务产品；另一方面旅游企业通过直接提供服务或直接参与等方式来争取更多的客源；除此之外，提供展台布置、同声翻译、公关礼仪、媒体广告、信息数据、保险等产品和服务的支持部门，则直接或间接为服务对象提供相关服务。会展与旅游产业链既服务于旅游者，又服务于会展参加者和观众，作为服务对象的二者之间可以相互转化。具体来说，旅游业与会展业之间具有以下几个明显的特征，为旅游业与会展业互动提供了理论依据。

（一）产业关联的多面性

旅游业与会展业的关联性主要体现在产业间和产业部门间的联系方式、内容、程度。一方面，宏观的产业内市场变动会对其他产业带来影响；另一方面，微观的部门分工协作及地理分布的变化对产业链中生产要素流动同样会带来影响。会展旅游产业链内的高度专业分工和要素分布的集聚性，使旅游业与会展业之间形成相互交错、互为补充的关系。这种相互关系不是旅游业与会展业的简单叠加，而是一个内在衔接的协作系统。专业化使得单个企业能够专精于提供某一服务，对市场变化和顾客需求更为了解，而专业分工程度高的企业协作，更能提供出系统、完善、高质、低价的产品和服务，且具有规模经济效应。

---

① 王起静：《会展产业链、配套半径和产业竞争力》，载《中国会展》2006 年第 19 期。
② 王保伦、王蕊：《会展旅游产业链的本质分析》，载《北京第二外国语学院学报》2006 年第 5 期。

（二）作用发挥的协同性

会展与旅游产业链作用发挥的协同性主要体现在会展举办地以及运营企业两个层面。第一，从会展举办地来看，会展活动期间，大量人流、物流、信息流汇集到举办地，为交通通讯、商旅餐饮、金融保险、景区景点等行业带来了大量客源，带动了这些相关行业的发展；第二，从微观运营主体来看，产业链内的企业通过投资、协同、合作等手段深化与产业链上下环节企业的关系，使自身的产品和服务融入客户的价值链当中，从而增加产品的有效价值和信息传播，提高产业链的整体竞争能力。因此，会展与旅游产业链有利于二者的协调发展。

（三）地理分布的集聚性

会展和旅游活动都在目的地开展，具有地理分布的集聚性。围绕会展活动而形成的会展旅游，将地理上接近、业务上相互补充的旅游企业和会展企业整合在一起，围绕着产业链中的一个旗舰企业，共同开发市场、共享人力资源、基础设施和信息资源等，形成了会展旅游产业链。这种地域上的集聚性以较短的共同渠道、快速和持续的信息流动，使旅游业与会展业互利互惠，并强化企业对外界变化做出灵活反应的能力。

总之，会展与旅游产业链上任何一个节点的行为都会影响链条上其他企业的决策，因此一个会展主题的策划和旅游服务的提供，不但要考虑其内部的业务流程和资源，更要从产业链的整体出发，进行全面优化与控制。这就要求旅游与会展产业链中的成员能够消除行业和企业壁垒，实现良性互动。

第二节　外部效应理论分析

一、外部效应基本理论

外部性（Externality）是公共经济学的基本理论，通常用它来解释市场失灵的问题。外部性的定义为：私人边际成本和社会成本之间或私人边际效益和社会效益之间的非一致性。其关键方面是某一个人或者厂商的行为活动影响了他人或者厂商，却没有为之承担应有的成本费用或没有获得应有的报酬。当外部性存在时，人们在进行经济活动决策中所依据的价格，既不能精确地反映全部的社会边际效用，也不能精确地反映其全部的社会成本。这样，依据失真的价格信号所作出的经济活动决策，肯定会使社会资源配置发生错误，出现效率损失，从而达不到帕累托最优准则所要求的最佳状态。

在现实经济生活中，外部效应的表现形式多种多样，可以依照不同的标准分类，但从外部效应同经济效率的关系来看，最基本的还是依靠外部效应的结果来分类。根据外部性主体对客体所产生影响的正负，可以将外部性划分为正的外部性（Positive Externality）和负的外部性（Negative Externality）。正的外部性也称外部效益或外部经济，指的是对交易双方之外的第三者所带来的未在价格中得以反映的经济效益。负的外部性也称外部成本或者外部不经济，是指对交易双方之外的第三者所带来的未在价格中得以反映的成本费用。

对于外部性如何解决呢？理论上一般有以下几种方法：一种方法是不存在协商成本或者成本很低的情况下，通过产权的明确界定，对外部效应的协商将导致帕累托最优效率，即科斯定理；另一种方法是，政府通过征收税或者矫正性的财政补贴两种手段实现外部性内在化。除此之外，还有诸如存在负外部性的企业兼并受其损害的企业以及政府通过直接管制等手段，来解决外部效应的问题，从而实现最优的经济效率目标。

二、会展业对旅游业的正外部性分析

通过外部效应理论分析，会展业给旅游业带来了正外部性，其正外部性效应具体表现在两个方面：一是会展业节省了旅游业在吸引游客上的部分支出；二是会展业的发展增加了旅游业的收入，主要表现在旅游人数的增加、会展业对旅游业在住宿、餐饮和会议场地等产品的购买需求。上述旅游企业成本的减少和收入的增加，是由会展业相关企业的活动所引起的。但是，通常情况下会展企业不会得到会展旅游所带来的相关利润，会展旅游的相关收益通常被旅游企业所获得，从而出现了会展业对旅游业的正外部效应。因此，会展业对旅游业的正外部效应指的是会展业的相关活动为旅游业所带来的收入增加和成本减少，并且会展业无法从这些增加的收入和减少的成本中获得经济补偿。

会展业对旅游业的正外部性导致了一定程度的无效率，这通常表现为会展产品的供应不足。会展业发展产生的溢出效应，使会展企业和旅游企业可以同时获得收益。如果会展业无法从额外的收益中得到充分的回报，那么市场对会展的投入就会不足，从而产生无效率。基于前文分析，会展业的正外部性会造成市场失灵，产生资源配置的无效率，即出现了会展供应不足的现象。因此，可以根据上述外部性解决的思路，解决会展业对旅游业外部性的效率损失问题。具体可以通过以下几个方面的手段：

第一，通过旅游业与会展业的合作，以签订合约的形式来解决外部性的无效率问题。因为正外部性对其承受者造成了不反映在市场中的额外利益，双方之间的谈判可以较好地解决这些利益的最终归属问题，从而可以在外部性发生之前，使外部性的行为人做出对双方都有利的决策。通过友好协商，会展公司与旅游企业在共同制定的游戏规则指导下相互合作、共同开发，进而推动旅游业与会展业实现健康、有序的良性发展。

第二，通过内部化来解决外部性，也就是会展组织或旅游组织延伸其业务范围，发展成以会展旅游为核心业务的组织。通过将外部性的行为人和承受人合并，可以有效地将外部性内部化，从而避免外部性带来的无效率问题。如将会展企业和旅游企业合并，由一个单独的利益主体来进行经营，那么该利益主体在会展组织决策时，必定会考虑其对旅游业的影响，从而有效地解决了外部性问题。会展公司和旅游企业之间的兼并、收购或联合是主要途径。

第三，解决外部性的方法还有政府的干预。政府可以采用超越市场机制的手段，将行为人所产生的不反映在市场价格中的社会成本或社会收益进行税收调节，并通过税收、财政补贴、补助等形式补贴给外部性的发起者，使其将外部性作为行为决策的考虑因素，从而内部化其成本或收益。政府作为市场的协调者和监督者，也可以充分发挥其作用，引导旅游业与会展业的合作互动，提升会展业对发展会展旅游的动力，解决外部性问题。①

综上所述，会展业的发展对旅游业产生了正的外部性问题，但是会展业并未从中获得应有的补偿，从而使其对会展活动之外的旅游业务考虑不足，导致会展与旅游相互脱离的现象，不利于城市经济的发展。因此，需要通过旅游业与会展业的互动，解决外部性的问题，从而实现旅游业与会展业的良性互动。

第三节　产业集群理论分析

一、产业集群基本理论

产业集群的基本理论涵盖的内容较多，出于本研究的需要，我们主要从产业集群的内涵、产业集群的形成条件和产业集群的特征三个方面进行简要阐述。

（一）产业集群的概念及内涵

由于不同学者的研究角度不同，对产业集群的认识和理解不同，从而导致对于产业集群概念和内涵的解释也不同。总体来看，主要有以下的一些代表性表述：

1. 亚当·斯密是从分工的角度来认识集群现象的，他认为产业集群或者更准确地讲是聚集（agglomeration），是由一群具有分工性质的中小企业以完成某种产品的生产联合为目的而结成的群体。② 亚当·斯密认为人类生产活动的专业化分工，是规模报酬递增规律的根本原因，而

---

① 叶明海、胡志莹：《会展业对旅游业的正外部性效应分析》，载《经济论坛》2007 年第 10 期。

② 钱志新：《产业集群的理论与实践》，中国财政经济出版社 2004 年版。

这种分工必然导致相关产业的集聚现象。

2. 韦伯在 1909 年《区位原论》的第一部分论工业区位中，对产业集聚问题进行了大量的论述，他在对工业区位的研究中，较早地认识到了集聚的重要性，并把其作为区位因子之一。他认为一个工厂规模的增大能给工厂带来利益或节约成本，而若干个工厂集聚在一个区域能给工厂带来更多的收益或者节省更多的成本。

3. 马歇尔（1920）认为产业集聚是因为外部规模经济所致，当产业持续增长，尤其是集中在特定的地区时，会出现熟练劳工的市场和先进的附属产业，或产生专门化的服务性行业，以及改进铁路交通和其他基础设施。在他看来，产业集聚是某一特定产业的众多企业为了寻求外部规模经济，降低交易费用而进行的区域集中的结果。他还特别强调了产业集中所引起的知识量的增加和技术信息的传播，后来被克鲁格曼和宾治总结为产业集聚形成的技术外溢。①

4. 波特教授在其 1998 年的论著《簇群与新竞争经济学》中给出了明确的产业集群的概念，即产业集群是指在某一特定领域内互相联系、在地理位置上集中的公司和机构的集合。他认为通过地理上集聚，能够使集群内的组织获得在特定领域内不同寻常的竞争胜利。②

5. 威廉姆森从生产组织形式的角度认为，产业集群是基于专业化分工和协作的众多中小企业集合起来的组织，是介于纯市场组织和层级组织之间的中间性组织，它比市场稳定，比层级组织灵活。③

6. 罗森菲尔德强调，社会关系网络及企业间的合作对产业集群的活力起决定性作用。他认为产业集群是相似的、相关联的或互补的众多中小企业在一定地理范围内的聚集，有着通畅的销售渠道、积极的交流及对话，共享社会关系网络、劳动力市场和服务，共享市场机会及分担风险。④

7. J. A. 西奥、罗兰特和皮姆丹·赫托格（1998）对产业集群的定义是：为了获取新的互补技术，从互补资产和知识联盟中获得收益，加

---

① 徐康宁：《开放经济中的产业集群与竞争力》，载《中国工业经济》2001 年第 11 期。
② 迈克·波特：《簇群与新竞争经济学》，载《经济社会体制比较》2000 年第 2 期。
③ 钱志新：《产业集群的理论与实践》，中国财政经济出版社 2004 年版。
④ 金镭：《产业集群的形成和演化机制研究》，博士论文，2006 年。

快学习过程，降低交易成本，克服或构筑市场壁垒，取得协作经济效益，分散创新风险和相互依赖性很强的企业、知识生产机构、中介机构和客户通过增值链相互联系形成的网络，这种网络就是集群。[①]

（二）产业集群的形成条件[②]

1. 具有较长的产业价值链。分工的发展是产业集群形成的最根本的因素，产业集群形成的最直接原因就是特定区域内产业分工的不断深化以及产品或服务的价值链的不断分离，在这种趋势下，承担某个中间产品或服务的企业不断涌现，他们彼此之间互相联系，并最终形成网络——价值链。

2. 集群产业关联度。产业集群汇总的主导产业应该有较强的相关性，只有这样才能推动上、下游企业的协同发展，促成完整的产业链，实现企业的空间聚集，最大化的享受集群带来的额外收益。

3. 产业集群的创新性。产业集群的形成还要产业创新的推动，企业通过创新获取超额收益，能够保证产业集群内企业通过经常性创新获取创新收益，增强企业的创新能力并提高企业的竞争力。

4. 产业集群产品差异化程度高。产业集群的存在要求产品或服务存在差异化，差异化是促进产业集群化的强大动力。同时，差异化一定程度上避免了因产品类似而引起的恶性价格战，从而导致产业利润下降，降低产业竞争力，最终不能形成产业集群的现象。所以产品或服务的差异化是产业集群形成的条件之一。

5. 良好的产业基础。良好的产业基础是产业集群发育的温床，集群中除了核心产业外，其他支撑产业的作用也不容忽视，支撑产业是企业集群的重要组成部分，孤立的无支撑的核心产业很难成长发展并最终形成一定的竞争力。

（三）产业集群的特征

1. 共享中间投入品。在集聚区里，众多厂商可以共享基础设施、

① 陈剑峰、唐振鹏：《国外产业集群研究综述》，载《外国经济与管理》2002年第8期。
② 林敏：《上海会展产业集群形成机制研究》，载《商场现代化》2009年第6期。

公共服务等中间投入品。同时，由于辅助行业或采用高度专门化的机械，或者采取生产或服务专门化的方式，这些辅助行业所提供的服务的单位成本是很低的，具有很高效率。如果一个地区没有集聚众多的同类企业，专门提供这种服务是不经济的。

2. 知识和技术溢出。在产业集群内存在技术和知识的溢出效应。这里的技术和知识，包括专业技术、经营经验、供给信息、需求信息等，由于这些难以具体化和系统化，没有人际间的频繁接触，技术知识很难传播或传播很慢。在产业集聚区里，人际间频繁接触和交往，使这些知识传播得很快。由于空间距离的接近性，企业之间可以模仿和学习，并且模仿和学习的成本较低。

3. 分享劳动力储备。产业集群内能够形成较高效率的地方劳动力市场。产业集聚吸引各种人才，企业能够比较容易地得到所需人才，各种人才也能得到理想的工作，从而增加了劳动的匹配性，产业的集聚可以分享劳动力储备。

4. 建立良好的企业关系。企业彼此间的相互接近，使企业之间较长期地密切接触，可以建立信任感和长期稳定的合作关系。这种合作关系包括各企业之间通过签订各种合同而结成的相对稳定的关系，以及非合同性但通过如面对面谈判、信息交流、新思想的交流等过程而形成的相对稳定的关系。这种关系可以活化资源、扩大信息交流、减少不确定性。

二、旅游与会展产业集群分析

通过上述产业集群的理论可以有效地分析旅游与会展产业之间的关系，并以此为基础，为相应产业政策的制定寻找理论依据，为旅游业与会展业的发展指引方向。

首先，虽然旅游业与会展业彼此有各自的服务领域、服务对象和服务内容，它们的服务功能不同，业务指向不同，所要实现的目的不同，但是，会展活动和旅游都有一个共同的特征，即服务对象的异地流动性。这为两者在具体运作上的合作提供了基础条件。会展活动供应商在组织会议、招徕参展商和观众方面有优势，旅游提供商在接待、票务、酒店、交通、游览、购物等方面有优势，两者可以进行优势互补。会展业的发展可以直接或间接带动旅游及其他一系列相关产业的发展，而旅游产业及其他服务业的发展，也为会展业的发展提供了相应的配套支持，旅游业与会展业非常高的产业关联度为形成会展与旅游产业集群创造了基本条件。因此，旅游业与会展业的互动有利于培育新兴产业集群。

其次，旅游业与会展业同属于服务业，它们的突出特点是经济效益较高和关联度较强，旅游业与会展业不仅能创造巨大的直接经济效益，还能拉动交通、通信、餐饮、住宿、娱乐、文化、商业等相关产业的快速发展，创造巨大的间接经济效益和社会效益。旅游业与会展业两者之间具有极大的关联性，二者共享诸如基础设施、公共服务等中间投入品，分享劳动力储备以及知识溢出等，使得两个宽带型的产业之间又有很多交叉重合，并且相互渗透。因此，旅游业与会展业的融合发展有利于产业集群的产生，并实现良性互动。这样，产业集群的成本优势、市场优势、创新优势、扩张优势等竞争优势能够发挥出来。

综上所述，旅游业与会展业这两个产业基于交叉的产业链、科技创新和市场开拓，构成了一个较大的相关系统，即会展与旅游产业集群。在这个会展与旅游的产业集群系统内的两大子系统之间存在相互配合、相互协作、相互支持的关系，具体表现为产业集群决定旅游业与会展业的融合发展，旅游业与会展业的互动发展推动产业集群的升级和转型，从而实现集聚的好处。

第四节　博弈理论分析

一、博弈基本理论

博弈理论包含的内容同样非常丰富，出于本书研究的需要，本节只是从博弈论的概念和构成要素、博弈论的分类以及博弈论的基本思想三个方面做简单介绍。

（一）博弈论的概念及构成要素

博弈论是指一些个人、一些团队或其他组织，面对一定的环境条件，在一定的规则约束下，依靠所掌握的信息，同时或先后、一次或多次从各自允许选择的行为或策略进行选择并加以实施，并从中各自取得相应结果或收益的过程。博弈论所要回答的问题是：决策主体的行为在发生直接的相互作用时双方所采取的决策以及这种决策之间的均衡问题。

一个完整的博弈应当包括以下几个要素：（1）参与人：博弈中决策主体，即博弈过程中独立决策、独立承担后果的个人和组织，其目的是通过选择行动以最大化自己的效用水平；（2）行动：参与人在博弈的某个时点的决策变量。与行动相关的一个重要问题是行动的顺序，即博弈参加者做出策略选择的先后，行动顺序往往决定博弈的结果；（3）信息：参与人有关博弈的知识。即博弈者所掌握的对选择策略有帮助的情报资料；（4）战略：参与人在给定信息集下的行动规则。博弈方可选择的全部行为或策略的集合；（5）支付：特定的战略组合下参与人确定的效用水平，或期望效用水平；（6）结果：博弈分析者感兴趣的所有东西，如均衡战略组合、均衡行动组合、均衡支付组合等；（7）均衡：所有参与人的最优战略组合。

但是，一般的博弈问题最少由三个要素构成：参与人、策略、支付等的集合，即策略集合以及每一个参与人所做的选择和赢得集合。其中所谓赢得是指如果一个特定的策略被选择，每一个参与人所得到的效用。所有的博弈问题都会遇到这三个要素，行动和信息是博弈的"积木"，参与人、行动和结果称为"博弈规则"。博弈分析的目的就是使用博弈规则预测均衡。①

（二）博弈论的分类

博弈论可以划分为合作博弈和非合作博弈。合作博弈和非合作博弈之间的区别主要在于人们的行为相互作用时，当事人能否达成一个具有

---

① 张维迎：《博弈论与信息经济学》，三联出版社 1996 年版。

约束力的协议。如果有，就是合作博弈；反之，就是非合作博弈。博弈的划分可以从两个角度进行。第一个角度是参与人行动的先后顺序，第二个角度是参与人对有关其他参与人（对手）的特征、战略空间及支付函数的知识。将这两个角度的划分结合起来，我们就会得到四种不同类型的博弈：即完全信息静态博弈——纳什均衡（纳什，1950～1951）、完全信息动态博弈——子博弈完美纳什均衡（泽尔腾，1965）、不完全信息静态博弈——贝叶斯纳什均衡（海萨尼，1967～1968）、不完全信息动态博弈——完美贝叶斯纳什均衡（泽尔腾，1975；Kreps and Wilson，1982；Fudenberg and Tirole，1991）。

（三）博弈论的基本思想

在经典的"囚徒困境"博弈中，选择非合作策略还是合作策略，会有不同的博弈结果。如双方均采取合作策略将会使整体效益实现帕累托最优，但并不使个人利益达到最大；如果单方采取合作，而另一方拒绝合作，那么后者将会以牺牲前者的利益而获得好处；如果双方都拒绝合作，那么都会遭受损失，但比第二种情况损失程度要小。那么，在效用最大化或利润最大化的假设前提下，合作的动机和基础是什么？

实际上，理性的背弃式竞争策略适用于零和博弈和单阶段博弈。即如果是一次性交易，那么这种策略是适用的背弃理性行为。对于非零和博弈，背弃策略很可能是次优的。而在重复博弈中宽容性的合作策略将会更有效。许多经济学家都指出，尽管在单阶段博弈中多采取背弃策略，但在多阶段博弈中合作策略是主流。如果现阶段良好合作可以为以后的合作打下基础，而背弃会导致报复性背弃行为的产生。如果博弈的各方把当前收益与背弃后可能导致的损失进行比较，就会维持和发展现有的合作，而非采取不合作或者竞争。

理性的经济人和理性递增构成了局中人的合作基础。不同经济主体在不同条件下可能做出"不合作"或"合作"的不同选择。但如果局中人总是进行理性选择，那么当局中人选择"合作"策略时，一般情况下，我们就可以得出结论，即"合作"比"不合作"对自己更有利，就选择"合作"。反之，选择的约束条件变了，"合作"变得不利于自己了，就会放弃"合作"而选择"不合作"。此外，由于信息的不对称、经济主体能力的约束等，不完全理性或有限理性又常常使不同主体更多地选择竞争或"不合作"，而不是"合作"。也就是单个经济人的理性行为导致的是对当事人双方或多方的不经济的结果，从而背离了最优策略均衡。[①]

二、旅游业与会展业博弈分析

根据博弈论上述观点，在囚徒困境理论中，联合报酬最大的合作策略却没有人选择。因为就个人理性而言，参与者的最佳选择是采取背叛策略，因为这才是使个体报酬最大化的策略，是占优策略。所以个人理性和集体理性是相互冲突的，在一次囚徒困境中不可能产生合作。但是，如果博弈规则发生了改变，也就是说，信息是完全的，并且是重复多次博弈的话，合作策略则能够出现。

旅游业与会展业之间是否能够建立互动合作关系，从本质上看是行业间合作博弈问题。为了简化问题分析，下面以代表两个产业的两个企业博弈来说明。假设只有会展企业和旅游企业两个企业，并且是相互独立的。两个企业 A 与 B 各自选择单干，可获得的收益分别是 Va 和 Vb，而双方选择合作后的收益分别为 Xa 和 Xb。如果 Xa > Va 且 Xb > Vb，则合作对双方都有利，并且能够实现整体利益的最大化，则双方会选择合作。

但是，如果一旦在利益分配上出现一方利益受损的情况，即 Xa < Va 或者 Xb < Vb，尽管（Xa + Xb）>（Va + Vb），但不利的一方觉得于己不利，则会出现合作危机。此时，如果两个企业之间的交易仅限于 1 次，其各自的利益目标存在差异性，双方为了追求自己的利益，往往不愿意选择合作策略，这符合囚徒困境理论。但是如果双方都着眼于长期利益的最大化，意识到长期合作的好处，在这种情况下，双方利益则会达到一致。双方每次交易采取策略时都需要考虑今后的继续交易，所以双方都有可能为满足长期利益的最大化而牺牲部分眼前的利益，同时采取合作策略以达到帕累托最优。

---

① 王威：《博弈论与区域经济实践》，载《重庆工商大学学报》2006 年第 4 期。

如表 3 - 1 所示，若双方都不选择合作，则双方收益相对减少，对双方都不利，并且在此过程中双方都失去了一次与对方合作的机会；若双方中有一方选择合作，另一方不合作，则选择不合作方会获得较高的短期收益，但同时损害了另一方的利益，会对自己的信誉有一定影响，不利于自己在行业内的长期发展；若双方都选择合作，不仅双方都可获得较高效益，而且能够增加双方的信任感、依赖感，有利于建立稳定的合作伙伴关系。

表 3 - 1 　　　　　　　　　　会展与旅游企业合作博弈支付矩阵

B ＼ A	合作	不合作
合作	Xa, Xb Xa > Va, Xb > Vb	Va, Xb Va > Xa, Xb < Vb
不合作	Xa, Vb Xa < Va, Vb > Xb	Va, Vb Va < Xa, Vb < Xb

由此可见，产业合作互动机制的建立，不仅对各个成员有利，而且增加了两个产业的整体效益。这是由于单个产业难以拥有全部优势资源，所以必然会求助于其他相关产业，合作的目的在于减少成本，降低风险，实现群体收益增加和个体效用最大化。但如果利益分配不均，那么合作必受打击。产业间不能互动必然会影响旅游业与会展业的发展。因此，产业间合作互动具有相当重要的意义。旅游业与会展业互动利益和价值取向为双赢，这是两者互动利益和需求的基础。两者通过跨业界互动，提升互动主体双方的生存价值，扩大和增加边际效益和溢出效益，从而能够实现互动主体谋求发展的目标。

第四章　国外的经验及
对北京的启示

为了更好地了解发达国家和地区在推动旅游业与会展业互动发展方面的成功做法，以便为北京旅游业与会展业互动机制建设提供可资借鉴的经验，我们在综合考虑地区分布、旅游及会展产业发展状况等多种因素的基础上，选取了德国慕尼黑、奥地利维也纳、美国奥兰多和亚洲的新加坡四个具有代表性的城市作为研究对象，期望通过具体的案例分析，找出一些值得北京学习的先进经验。

第一节　国外旅游与会展互动
发展的成功案例

一、慕尼黑旅游与会展互动发展分析

慕尼黑位于阿尔卑斯山北麓，是德国南部巴伐利亚州的首府，人口大约130万，是仅次于柏林、汉堡的德国第三大城市。12 世纪中叶，巴伐利亚国王狮子公爵亨利在此建起小镇，其后慕尼黑一直是拜恩王国维特尔斯巴赫（Wittelsbach）家族的都城之地，成为德国南部最瑰丽的宫廷文化中心。慕尼黑是一座多水的城市，伊萨尔河穿过城区，众多的湖泊形成大小无数的公园，全城拥有各种喷泉 2 000 多个。慕尼黑被誉为"啤酒之都"，这里出产的啤酒驰名全球，全球最大的民俗节庆"慕尼黑啤酒节"在此举办，每年吸引超过百万游客前来体验。同时，慕尼

黑素有"经济首都"之称，产业门类齐全，电子、汽车、航空航天、生物基因等技术密集型产业尤为突出。全球500强跨国公司中，西门子、安联、宝马、慕尼黑再保险6家企业的总部设置于此。传统的历史文化与现代的科技文明相融合，使得慕尼黑既是欧洲最知名的旅游目的地之一，也是欧洲最知名的会展目的地之一，旅游业与会展业在这里实现了良性互动，共同发展。

（一）慕尼黑旅游与会展的互动方式

关于慕尼黑旅游业与会展业的互动方式，我们可以从展览与节庆两种类型的会展活动与旅游业的互动发展中寻求答案。

1. 展览活动与旅游的互动。众所周知，慕尼黑是世界著名的展览城市之一，拥有众多的知名展览会，每次国际性展览会的举办均能吸引数以万计的国内外企业前来参展。资料显示，仅第29届德国慕尼黑国际建筑机械、建材设备及工程车辆博览会（BAUMA2010）就吸引了来自53个国家的3 150家展商参展，吸引了超过40万的专业人士前去参观。如此众多的外来人口短时间内涌入慕尼黑，一方面需要住宿、交通、餐饮等庞大的旅游服务系统为参展商和观众提供服务，另一方面，对慕尼黑的旅游业来说也是一个难得的商机。那么，慕尼黑是如何实现旅游与会展的有机结合的呢？首先，作为展览会主办方，慕尼黑国际展览公司（MMI）设立专门的展览旅游服务网站"city guide"，为展览活动参与者提供城市旅游线路、餐饮、节庆等全方位的旅游信息；其次，为了提升展览会住宿服务的质量，慕尼黑国际展览公司（MMI）与德国知名的旅游服务商"DERTOUR"建立了合作关系，共同创建了专业化的展览会住宿接待服务网站"Tradefairs. com"，并将其作为MMI的官方服务合作伙伴，"Tradefairs. com"集展览会信息服务、在线预订、住宿咨询和旅游服务于一体，参展商和专业观众能够根据所参加的展览会在网站上获得住宿设施的推荐，也可以提交个性化需求由住宿分配管理系统CHAP（Corporate Hotel Allocation Platform）提供解决方案；此外，凭借"DERTOUR"强大的旅游资源和专业团队支持，"Tradefair. com"还能够为参展商和专业观众提供商务旅行方面的增值服务，如协助安排顾客在慕尼黑期间的交通和餐饮，或组织和策划商务晚宴、会议、论坛等商务活动。

2. 节庆活动与旅游业的互动。慕尼黑是一座历史文化被完整保留的城市，拥有五月集市、建城周年纪念、歌剧节、雅各比集市、慕尼黑啤酒节、教堂集市和圣诞市场等众多文化节庆活动。其中，每年九月末到十月初举办的慕尼黑啤酒节（The Munich Oktoberfest）是慕尼黑一年中最盛大的活动，同时也是全球最大的民俗节庆活动。慕尼黑啤酒节举办期间，广场上到处是餐饮和出售纪念品的摊贩以及各种游乐场所。大会组织者每年还会安排一些新鲜的节目或游乐项目，例如聘请外国的艺术团体演出，还有耍蛇、驯兽等演出节目。节日期间还举办许多不同主题的展览会，如现代电器展览、优良小麦展览等，游人不仅可以在这里吃喝玩乐，而且还可以获得不少新的知识。作为一项节庆活动，慕尼黑啤酒节从三个方面实现了与旅游业的互动：一是将慕尼黑啤酒节培育成慕尼黑最具吸引力的旅游活动之一，极大地带动了当地旅游业的发展；二是部分旅行社在慕尼黑啤酒节举办期间，适时推出体验啤酒节的深度自驾游活动，行程包括参与啤酒节庆典、参观德国的重工业基地城市和世界著名的汽车博物馆等，将节庆活动与旅游观光、自驾游打包设计成为全新的综合性旅游产品；三是利用啤酒节强大的品牌知名度和影响力，将其作为慕尼黑宣传和推广旅游业的重要载体。例如，在慕尼黑啤酒节200周年庆典之际，德国国家旅游局将其列为2010年旅游业海外营销和公关战略的重点事件；除此之外，慕尼黑旅游局还适时将慕尼黑啤酒节的品牌输出到其他国家，例如选择中国大连国际啤酒节作为其200周年庆典活动的首站，授权大连使用啤酒节的品牌标识。除了组委会授权的活动之外，慕尼黑啤酒节的狂欢模式在全球各地被广泛复制，每年许多当地版的"啤酒节"在各地轮流举办，使得啤酒节成为慕尼黑旅游业被广泛熟知的形象标志，极大地宣传和推广了慕尼黑的旅游业。

（二）慕尼黑旅游与会展的互动机制

慕尼黑旅游与会展的互动机制，可以从政府的相关管理制度中得到体现。我们在研究中发现，慕尼黑政府对会展业中的不同类型的活动实行差异化的管理制度。首先，从管理主体来看，节庆活动被看作旅游吸引物直接归入旅游局管理，会议和奖励旅游活动由旅游局下设的会议局进行专门管理，而展览活动则由非旅游部门的慕尼黑展览集团进行运营和管理；其次，从管理职能来看，政府将节庆活动作为旅游活动进行直接管理，甚至成为节庆活动的策划者和组织者；比较而言，政府通过会议局对会议和奖励旅游活动进行管理，但管理过程具有明显的服务特征，会议局并不介入会议和奖励旅游活动的举办过程。资料显示，慕尼黑会议局主要职能包括为会议活动提供所需帮助、规划会议旅游、协调政企沟通、帮助采购会议服务、提供旅游资料和信息、提供交通优惠和预订酒店等方面；政府对展览活动并不进行直接管理或介入，而是通过投资建设会展中心、组建展览企业的形式间接管理展览活动。对于展览活动参与者的旅游需求，慕尼黑将其纳入城市旅游的管理框架之中，注重创建良好的旅游环境和公共服务体系。

总体来看，由于不同类型的会展活动的运作特点不同，与旅游的关联度不同，因而政府也相应采取了不同的管理措施。在不同的管理制度下，旅游与会展的互动形式也产生了差异。具体而言，展览与旅游的互动主要由企业合作推动，主要体现在展览企业与旅游企业合作提供旅游服务；而节庆与旅游的互动主要由政府主导推动，主要体现在利用节庆活动打造旅游吸引物，并利用其平台进行旅游业的宣传与推广。

二、维也纳旅游与会展互动发展分析

维也纳是奥地利的首都，同时也是奥地利的政治和经济中心。它地处欧洲大陆中心地带，是东西欧商业和经济往来的中心，被称之为"多瑙河女神"。它是欧洲最古老和最重要的文化、艺术和旅游城市之一，享有"音乐之都"、"建筑之都"、"文化之都"等美誉。维也纳是欧洲生活品质最高、犯罪率最低的城市之一，被联合国选为四个官方驻地之一，同时也吸引了众多的国际组织和协会常驻于此。由于拥有璀璨的文化、丰富的资源、优越的区位和舒适的环境，维也纳成为全球最热门的会议和奖励旅游目的地。

（一）维也纳旅游与会展的互动方式

1. 旅游设施成为会展活动的举办场所。一般情况下，会展活动大多数都在专业的会展中心和酒店会议场所举办，其他旅游设施由于定位、功能等原因较少举办会展活动。然而，随着旅游者对获得体验的需求日渐增长，许多会议策划者在会议场所的选择方面，思路在不断创新，他们希望选择具有数百年历史的大学、城堡和宫殿作为会议的举办场所，以增加会议的吸引力。对于公司而言，能够在具有特殊意义的历史场所中进行公司活动，更是能够提升公司形象和员工的自豪感。维也纳可以说是实现二者结合的典范，维也纳璀璨的历史给这座城市留下了许多独特的文化建筑，如美泉宫、阿尔贝蒂娜博物馆等，这些著名建筑既可以在平常作为游客观光游览的景点，也可以被充分发掘作为各种会展活动的举办场所。目前，维也纳已经将许多历史建筑进行了适当的改造，以符合会展活动在服务接待和场馆设施方面的需求。根据不完全统计，目前维也纳拥有非饭店类会展设施55处，设施类型涵括了大学、宫殿、城堡、音乐厅等历史文化古迹，这些旅游设施已经成为维也纳会展业非常独特的资源。

2. 旅游企业为会展活动提供多元化的服务。除了优越的硬件设施之外，维也纳的旅游企业也为会展活动提供了良好的软件服务。多年来，维也纳一直是全球最热门的会议及奖励旅游目的地，旅游企业已经形成了为会展提供服务的成熟体系。维也纳会议局的资料显示，目前维也纳注册的旅游服务商中，90%以上同时经营会展业务，其服务范围涉及各种大会、中小型会议、奖励旅游及公司活动，服务内容涵括活动策划、现场服务、技术支持、餐饮、交通、观光、纪念品安排等。例如，许多旅游服务商能够为公司活动安排马车游览、多瑙河巡游、组织观看音乐演出等方面的服务。

3. 会展活动作为旅游吸引物，成为维也纳独特的旅游竞争力。维也纳是闻名全球的"音乐之都"，千百年的文化底蕴培育了舒伯特、贝多芬、大小施特劳斯等音乐大师。对于音乐崇拜者而言，维也纳是音乐的圣殿。音乐之友协会的金色大厅是举世闻名的音乐厅，每年维也纳爱乐乐团都会在这里举行新年音乐会，吸引全球各地的音乐爱好者前来观赏；维也纳国家歌剧院和维也纳人民剧院是世界上最古老的歌剧院之一，每年有数百场大型歌剧、音乐喜剧、舞台剧和音乐会在此上演。除了固定的音乐演出之外，维也纳每年在不同时间举办不同类型的音乐和节庆活动。每年 1～3 月份，维也纳会举办一年一度的新年音乐季，除了知名的金色大厅新年音乐会之外，在此期间将举办维也纳舞会节、"shop&win" 购物之旅、"冰之梦" 音乐舞蹈、复活节集市等丰富多彩的节庆活动；4～8 月份，维也纳开始步入艺术节的热点季节，包括歌剧、音乐、戏剧、舞蹈、表演和展览等多种艺术表现形式，从古典到现代、从室内到室外，各种各样的音乐节庆不断将整座城市的氛围推向高潮，吸引了来自四面八方的音乐爱好者。维也纳是欧洲的文化艺术中心，整座城市遍布各种类型的艺术馆和博物馆，文化艺术活动常年不休。美泉宫、霍夫堡皇宫（Hofburg）和维也纳博物馆区（Museums Quartier）是游客必到的旅游景点，这里常年展示着从中世纪到现代的绘画和雕塑名作，反映了哈布斯堡王朝以来欧洲的历史和文化。此外，整座城市拥有超过 100 个博物馆，珍藏着不同时代、不同地方的文化古迹，这些博物馆经常举办各种巡回展览、拍卖和研讨活动。

"音乐之都"、"文化之都" 是维也纳独特的城市主题形象，各种音乐、艺术活动成为维也纳城市生活不可或缺的一部分。维也纳城市管理者通过精心策划，将会展活动打造成为维也纳的旅游吸引物，吸引了来自全世界不同国家和地区的旅游者慕名而来，创造了维也纳独特的旅游竞争力。

（二）维也纳旅游与会展的互动机制

1. 会展旅游的管理架构。维也纳的会展旅游归属于维也纳会议局（Vienna Convention Bureau）管理，该会议局成立于 1969 年，是维也纳旅游局的组成部门之一，由维也纳市议会和商业委员会提供资金支持。维也纳会议局主要负责会展业的宣传推广、行业统计以及为会展活动提供免费的信息服务。每年维也纳会议局都会制定宣传推广计划，然后由维也纳旅游局组织人员到全球各地的展会去树立和维护维也纳会展旅游的正面形象，并且代表城市争办各类大型的国际协会会议、公司会议和奖励旅游活动。维也纳市政府将会展业列入旅游业的重要组成部分，将会展管理部门设置于旅游管理部门内部，有利于发挥旅游与会展的协同效应。从部门设置和职能上看，维也纳会议局的职能主要侧重于针对会展活动及其策划者的管理和服务。

2. 会展旅游的公共服务。作为会展旅游的管理者，除了到全球各地为维也纳的会展旅游进行宣传推广之外，维也纳旅游局和其下属的会议局最主要的职能就是为促进旅游业与会展业的互动发展提供完善的公共服务。这些公共服务主要包括以下两个方面：

（1）为会展活动策划者提供咨询服务。对于选择维也纳作为会展活动举办地的策划者，维也纳会议局为其提供目的地指南、场馆和服务商咨询等必要的服务信息。维也纳会议局给会展活动策划者提供的服务信息可以分为两个层面，一是公共服务信息；二是针对性服务信息。在维也纳会议局的官方主页上，活动策划者可以免费获取各种宣传资料，包括维也纳会议及奖励旅游策划者指南、酒店指南、维也纳年度期刊等一般性宣传资料，如果会展活动的策划者需要预订场馆和寻找服务商，维也纳会议局还为他们提供了所有会展设施的详细信息以及相关的旅游服务商信息。其中，会展设施信息包括专业的会展中心、各种类型的酒店以及博物馆、城堡等特殊设施，可查阅信息包括设施地址、设施星级、联系方式、会议室数量、大小、图片等；在旅游服务商信息方面，详细列明了各旅游服务商的地址、联系方式、业务范围等信息。此外，针对会议活动策划者和公司及奖励旅游活动策划者，维也纳会议局还分别从场馆、住宿、旅游、服务商等方面提供了更加详尽的信息，以帮助活动策划者提升组织工作的效率。

（2）为会展活动参与者提供旅游信息和服务。在维也纳的旅游业管理中，会展旅游被看作旅游业的有机组成部分，会展旅游者与其他旅游者并无明显的界线，因此许多旅游信息和服务能够被所有旅游者共享。例如，维也纳旅游局为旅游者提供交通、住宿、景点信息，为旅游者推出了维也纳旅游卡服务，让旅游者能够享受城市各种交通工具和著名景点的优惠套餐。虽然这些信息并非专门为会展旅游者提供，但是会展活动参与者同样能够使用。此外，维也纳旅游局特别为会展旅游者提供节庆活动的日程表和详细介绍，并且按照各种活动类型进行区分，节庆活动爱好者可以根据自己的兴趣有针对性地搜索信息。另外，维也纳旅游局还专门为会展活动参加者策划了半日城市体验游、全日周边游以及会前、会后旅游等多种形式的旅游活动。

总体而言，维也纳旅游业与会展业的良性互动呈现出"自然"融合的状态。悠久的历史文化所积淀的旅游资源和良好的城市环境，为维也纳成为全球热门的会议及奖励旅游目的地奠定了坚实的基础，良好的旅游产业环境为会展旅游提供了优越的硬件设施和软件服务。在此基础上，会展产业"自然而然"地发展壮大，成为维也纳旅游业重要的推动力，为旅游业带来了大量的客源和收入。随着会展活动和旅游活动的融合，管理者通过精心策划，将音乐、艺术等文化元素打造成为维也纳的会展旅游吸引物，进一步促进了维也纳旅游业与会展业的融合发展。作为行业管理者，政府将会展归入旅游业的管理体系之中，由维也纳旅游局和会议局共同构架会展旅游的管理和服务体系，其中会展活动策划者的管理和服务职能主要由会议局承担，而会展活动参与者的管理和服务则分化为一般旅游服务和会展旅游服务，由维也纳旅游局和会议局共同承担。总体而言，维也纳旅游业与会展业的互动发展采取了产业元素相互融合又有所突出的模式。相互融合表现为打造节庆活动成为旅游吸引物，旅游设施和企业延伸服务到会展活动，有所突出则反映在针对会展活动策划者和旅游者提供有针对性的管理和服务。

三、奥兰多旅游与会展互动发展分析

奥兰多位于美国佛罗里达州，是一个多元化的旅游和会展目的地，有很多类型的旅游吸引物、特殊事件和节庆活动、住宿接待设施和娱乐项目，市内湖泊众多、环境优美、气候温和、主题乐园众多，是世界上最好的会展、休闲、旅游、度假的城市之一。

（一）奥兰多旅游与会展的互动方式

与其他城市的旅游与会展互动方式相比较，奥兰多最大的特点是将主题公园作为最主要的会展活动平台和旅游吸引物。众所周知，奥兰多是世界迪士尼的大本营，拥有全世界最大的主题公园群，如华特迪士尼世界（Walt Disney World）、爱普卡中心（Epcot Center）、环球影城（Universal Studio）、冒险岛乐园（Islands of Adventure）、海洋世界（SeaWorld）等。

在奥兰多众多的主题公园中，迪士尼世界最为著名。奥兰多迪士尼世界是全世界最大的迪士尼主题乐园，总面积达 124 平方公里，约等于 1/5 的新加坡面积，拥有迪士尼—未来世界（Disney's Epcot）、迪士尼—动物王国（Disney's Animal Kingdom）、迪士尼—好莱坞影城（Disney's Hollywood studio）、迪士尼—魔法王国（Disney's Magic Kingdom）4 个超大型主题乐园，五座 18 洞的国际标准高尔夫球场和综合运动园区，市中心还有迪士尼购物中心（Downtown Disney），该中心集购物、娱乐、餐饮、夜间游乐、杂技、酒吧、各式商店和超过 250 家的餐厅于一体，已经成为著名的综合性休闲娱乐场所。除此之外，迪士尼世界还有 2 座水上乐园（暴风雪海滩、台风湖）、32 家度假饭店（其中有 22 家由迪士尼世界经营）以及 784 个露营地。自 1971 年 10 月开放以来，奥兰多迪士尼乐园每年接待游客约 2 000 万人次。

在迪士尼世界中，设有中央大街、小世界、明日世界、拓荒之地和自由广场等。中央大街上有优雅的老式马车、古色古香的店铺和餐厅茶室等；小世界是专给孩子们设计的娱乐天地；在"明天的世界"里，人们将置身于一个高度发达的环境中，并可亲自到"月球"上去游览一番；在拓荒之地和自由广场，人们可以重温当年各国移民在新大陆拓荒的种种情景。走在迪士尼世界中，还经常会碰到演员装扮成米老鼠、唐老鸭、白雪公主和七个小矮人等，与游客交流并合影留念。迪士尼世界不仅是一个游乐场，同时又是一个旅游中心，游客来此还可以到附近的海滩游泳、滑冰、驾帆船，到深海捕鱼，乘气球升空，或是参观附近的名胜古迹。这些丰富多彩的节目，给迪士尼世界更增添了几分魅力。

迪士尼世界之所以能够经久不衰，我们认为其成功的诀窍主要有两个方面：一是通过游客参与游乐活动，将游客与迪士尼的设施紧密结合在一起，在这里游客不是一个面对一堆堆华丽建筑的观光者，他们已经成为公园里游乐的主角；二是这里每天都在举办无数场各式各样的会展活动，如未来世界（Disney Epcot Center）晚上的大型烟花、音乐、喷水、镭射激光表演，环球影城（Universal Studios）中的恐怖电影制作秀、西部牛仔表演，魔术王国（Disney Magic Kingdom）中的彩灯卡通动物大游行等，这里使旅游与会展有机结合在一起，真正成为了旅游与会展互动发展的示范区。

（二）奥兰多旅游与会展的互动机制

1. 有效的税收机制促进会展和旅游联动。一方面，佛罗里达州有两种非常重要的旅游税种用于会展和旅游业的联动发展：一是景区税，二是客房税。景区税的用途主要用于会议中心、场馆、旅游营销等方面，其中橙县（Orange County）景区税用于会议中心、表演场馆、橄榄碗（Citrus Bowl）和旅游营销；奥西奥拉县（Osceola County）的景区税用于基西米（Kissimmee）会议观光局的运营和营销、奥西奥拉县体育馆和其他两个体育场馆；塞米诺县（Seminole County）的景区税用于旅游营销、文化和艺术项目及相关活动的资金支持。奥兰多位于橙县，景区税对于会议中心、表演场馆的建设和发展以及整体旅游营销发挥了重要作用。客房税是政府向饭店依据出租客房征收的一种税，客房税的主要用途是为 CVB、会展中心以及整体旅游营销提供资金支持；另一方面，旅游业的收入可以通过景区税、客房税对 CVB 以及相应会议中心的支持得到进一步增加。CVB 的主要功能就是提升城市目的地形象、对会议设施进行营销，以吸引更多的会议观众，从而增加目的地商务游客的数量，增加对客房、餐馆、景区、娱乐设施以及其他旅游产品的需求，进而增加旅游行业的收入及税收。

值得一提的是，客房税最终的负担者是游客，如果客房税率过高，会直接增加游客的住宿成本，相应地会减少游客对客房的需求。为了提高旅游及会展业吸引力，相对于大多数城市而言，奥兰多的客房税率较低，从而进一步提升了其旅游及会展业的竞争力（见表4-1）。

表4-1　　　　　美国主要会展城市客房税率一览表

城市	客房税率（%）	城市	客房税率（%）
休斯敦	17.00	旧金山	14.00
西雅图	15.60	里诺	13.50
圣路易斯	15.49	纽约	13.38
芝加哥	15.39	迈阿密	13.00
费城	15.20	新奥尔良	13.00
亚特兰大	15.00	圣地亚哥	13.00
达拉斯	15.00	盐湖城	12.72

城市	客房税率（%）	城市	客房税率（%）
底特律	15.00	奥兰多	12.50
丹佛	14.85	波士顿	12.45
华盛顿哥伦比亚特区	14.50	凤凰城	12.27
洛杉矶	14.00	拉斯维加斯	12.00

资料来源：拉斯维加斯会议观光局（www.lvcva.com）。

2. 依托奥兰多会议观光局（CVB）实现会展旅游整体发展。CVB最主要的功能就是实现不同利益相关者的有效沟通，策划提升目的地形象，通过各种有效渠道对目的地进行营销（具体作用见表4-2）。旅游行业对CVB的期望就是管理并维持目的地整体营销网络以保持目的地的竞争力。更重要的是，CVB要有能力协调不同利益相关者之间的以及，包括政府和私人之间的关系以及不同竞争主体之间的关系，如酒店、餐馆、景区和其他社区内不同利益主体的关系。

表4-2　　　　　　　　奥兰多会议观光局的作用概览

序号	战略作用	具体内涵
1	目的地/社区营销者	向不同规模的会议旅游以及休闲旅游团体或个体旅游者营销目的地并提升整个目的地旅游形象
2	目的地形象/品牌开发者	开发目的地形象，把奥兰多定位于对会议观众和普通游客有吸引力的目的地
3	产业协调者	协调产业和公共部门的不同元素，鼓励产业融合以分享不断增长的旅游收益
4	旅游项目的拥护者/支持者/协调者	提升社区中旅游产业的地位，提高旅游业务的认知度，强调旅游产业的经济影响，提供旅游产业的管理
5	经济驱动者	带来新的收入、就业和税收
6	准公共代理人	作为准政府组织对行业依法规制并保护个体和团体游客
7	社区自豪感的建造者	提升社区生活质量
8	合作关系/联盟关系的构建者	同时代表买卖双方，协调和提升目的地中不同目标主体的合作和协调
9	目的地策划者/管理者	代表利益相关者的利益策划和管理目的地
10	目的地产品开发者	把目的地开发成游客的"一站式"购物中心，在目的地策划过程的不同阶段引导和监控目的地产品开发，通过旅游刺激城市革新

奥兰多会议观光局做了大量的工作以促进会展旅游的整体发展，具体包括目的地品牌营销口号创新，制定品牌营销规则；聘请专门的广告代理商，最大程度地吸引目标游客注意力；参加会议管理专家协会（Professional Convention Management Association，PCMA）组织的年会，对奥兰多旅游会展业进行整体营销；采取网络、社会媒体（如Twitter，Facebook，YouTube，TripAdvisor）、旅游专家杂志、战略联合、直销等多种渠道对目的地进行营销。

四、新加坡旅游与会展互动发展分析

新加坡坐落在亚太地区东南亚中心，是一个著名的热带岛国。其独特的地理位置，多元的人文风貌，良好的经济环境，稳定的政治气候及优越的亲商环境，再加上世界一流的交通、会展、通信和科技以及众多商务服务设施、文化景观与休闲场所，使得新加坡成为众多国际会议的举办地。新加坡先后连续10次荣获国际会议协会（ICCA）"亚洲最佳会议城市"、连续两年被国际协会联盟（UIA）评选为"最佳国际会议城市"，由此足见新加坡作为会议目的地的十足魅力。

新加坡旅游及会展业之所以能够取得令人瞩目的业绩，很大程度上取决于旅游与会展两大行业的有机融合和相互促进。在这一过程中，政府发挥了非常重要的作用。具体的举措包括：

（一）在旅游局下设展览会议署

早在1974年，新加坡旅游局就成立了展览会议署，主要任务是协助、配合会展公司开展工作，向国内外宣传新加坡开展国际会展活动的优越条件，促销在新加坡举办的各种会展活动。展览会议署不是政府管理部门，其主要职责是协调配合，而且不向会展公司收取任何费用。展览会议署每年都有计划地向世界各地介绍新加坡旅游会展方面的情况，并且在世界各地举办新加坡会展经济方面的研讨会，让各国都了解新加坡在这方面的优势。

（二）加强旅游与会展目的地的整体营销

在新加坡，会展业往往和旅游业联合在一起开展宣传促销，这种行业管理模式为会展业的整体推广奠定了良好的基础，取得了显著的营销效果。例如，为巩固和加强新加坡旅游业的发展，从 2009 年 2 月 19 日起，新加坡旅游局以 "och2009 个享受新加坡的理由" 为主题，在全球范围内展开了为期一年的宣传攻势，以价格诱人的旅游配套举措，如优惠的机票和酒店住宿等，大力吸引国外游客，特别是中国、印度、印度尼西亚和马来西亚四大区域市场及新兴市场越南的旅行团、自由行及会议、展览与奖励旅客。

（三）旅游局与会展企业成立 "会奖新加坡联盟"

为大力推广新加坡在商务、会展及奖励旅游方面的优势，新加坡旅游局（Singapore Tourism Board）与旅游度假胜地圣淘沙（Sentosa Island）所属的圣淘沙集团、丽星邮轮（Star Cruises）以及新加坡知名展览会议承办地新达新加坡（Suntec City）共同发起了一个商务、会展及奖励旅游的战略合作联盟——"会奖新加坡联盟"（简称 4S 联盟），力求以度假岛屿圣淘沙提供的特殊配套、新达新加坡的会议及奖励旅游场地优惠、丽星邮轮提供的独具品味的优质服务和新加坡旅游局 "BE in Singapore" 奖励计划为依托，全面展示新加坡在商务、会展及奖励旅游方面的独特优势，并以此赢得业内人士及选择在新加坡举办会议和奖励旅游的终端客户的全力支持。详细内容如下：

1. 4S Alliance——强强联手，增值商旅平台。会奖新加坡联盟是特别针对中国市场量身定做的，这个强强联手的四方结盟推出的特色服务及优惠方案包括：（1）度假岛屿圣淘沙不仅会为前来圣淘沙岛参加会奖旅游的公司特别安排欢迎标识，公司客户还可享受到场租折扣、视听设备、活动协助配套及 100~400 人团队餐饮特惠方案；（2）丽星邮轮为享受海上会奖旅游的公司提供免费的露天甲板鸡尾酒会、会议场地设施 7 折优惠，此外还专门安排船长致辞和亲笔签名航行证书等非金钱可衡量的附加服务，使整个配套更具吸引力，也彰显出对公司团队的重视和礼遇；（3）新达新加坡的特殊配套主要涉及活动现场的欢迎仪式及其他多项搭建服务优惠；（4）新加坡旅游局的"BE in Singapore"奖励计划则包含了多项专为选择新加坡作为会议和奖励旅游地的代表团提供的财务和非财务支持。

2. Singapore BTMICE Specialist——颁发证书，确保专业服务。新加坡商务旅游专家计划（Singapore BTMICE Specialist）是新加坡旅游局2006 年特别针对大中华区旅游市场而制订的计划，旨在确立一系列专业可靠的新加坡商务旅游贸易及操作伙伴，推广新加坡在商务旅游方面的产品与服务，加深客户对旅游产品与服务的理解，同时将"量身定做——会奖新加坡"的概念传达给新加坡商务旅游的终端用户。新加坡商务旅游专家计划的核心部分就是由这些熟知新加坡商业设施及服务的专家组织和有会议和奖励旅游潜力的公司的决策者共同参与体验旅游（FAM TOUR），让终端客户通过游览了解新加坡，以熟悉新加坡商旅的方方面面，新加坡旅游局承担部分费用。

3. "BE in Singapore"——专项基金，开创非凡未来。"商务活动在新加坡（BE in Singapore）"是隶属于新加坡旅游局的新加坡展览及会议署（SECB）为了争取更多的商务、会议、展览与奖励旅游所能带来的旅游收益而采取的一系列推广计划，旨在大力发展新加坡商务旅游，使其成为世界最佳商务、奖励旅游、会议和展览（MICE）目的地之一。这项打出响亮中文口号"新加坡，创非凡，展未来"的奖励计划特别针对公司会议及奖励旅游而制订，不仅涉及为选择新加坡作为会议和奖励旅游地的代表团提供的多项财务和非财务支持，还包括为客人提供迎宾仪式、文娱演出、盛大宴会、商务考察及通关服务套餐等颇具人情味的配套服务，吸引力可见一斑。

（四）新加坡旅游局推出"旅游基金的会展使用计划"

新加坡政府在制定"新加坡旅游业 2015 年愿景"时宣布，将拨款 20 亿新币作为旅游业发展基金用来吸引更多海内外业者发展新加坡的旅游业。而这笔"旅游业发展基金"中将有 1 亿 7 000 万新币用于鼓励国内外会展业者带进更多、更大规模的商务活动，并吸引更多高端新兴行业到新加坡来举办商务活动。同时，旅游局也会利用这笔费用吸引更多国际组织把亚太总部设在新加坡，以期这些国际组织协助新加坡业界发展更多的国际性展会，扩大新加坡在 MICE 方面的国际影响力，同时也为新加坡带入更多的商务旅客。这些会议、展览和奖励旅游活动不仅会为新加坡赚取直接的旅游收益，更能间接带动高端行业在新加坡的发展，促成当地与海外机构在商务、会展及奖励旅游领域的合作。

（五）旅游局通过"旅游业抓紧机遇加强发展计划"加大对会展业的支持

2008 年以来的金融危机，给全球旅游业及会展业带来重大冲击。为了应对危机，振兴旅游业，新加坡旅游局于 2009 年 3 月宣布推出总值 9 000 万新元（1 新元约合 0.66 美元）的"旅游业抓紧机遇加强发展计划"（简称 BOOST 计划），通过宣传攻势、价格促销及资金援助等多种方式协助旅游业者渡过难关。在该计划中，为减轻会展业经营者的经营成本，新加坡旅游局为那些主办展览与会议（MICE）的业者特设援助资金，以帮助他们在经济艰难时期仍有实力招揽项目，保持区域市场的竞争力，扩大顾客网络。

（六）旅游局为争取会展活动推出"商务大使计划"

为了争取更多的会展活动到新加坡举行，新加坡旅游局于 2006 年推出了一个"商务会议大使计划"（Conference Ambassador Program），邀请专业人士和会展专才担任新加坡的"商务会议大使"，为新加坡争夺各大商务会展活动的主办权。同时，这项计划进一步拉近了新加坡展览与会议署和业者之间的距离，加强了新加坡作为亚洲与全球最佳会议中心的地位。新加坡展览与会议署在这些大使的协助下，进一步了解世界主要会展市场如生物科学、金融业、资讯业与数码媒体业等领域的需求，以便吸引更多这些行业的代表到新加坡来开会或举办展览，同时展览与会议署在知识与协调等方面，协助这些大使们了解主办大型会议所需要的条件，其中包括了物流与经济方面的支持。

通过以上分析可以看出，新加坡旅游局在推进旅游与会展的互动合作方面，扮演了积极主动的角色。但是，这并不是说新加坡旅游企业与会展企业之间的合作并不紧密。事实上，旅游与会展两项业务在很大程度上是融合在一起发展的，很多从事差旅服务的公司，很难说清是从事旅游业务还是从事会展业务。总体来看，新加坡旅游企业与会展企业的合作主要体现在以下三个方面：（1）大多数旅行社都深入涉足会展业务，能够向 MICE 客户提供包括会议策划及安排、会场设计布置、接待宴请、安全管理、媒体支持、会议礼品等各个环节的一条龙服务；（2）酒店除了本身能够为商务旅客提供会议场地及设施外，还与会展企业建立联盟伙伴关系，这样既能分享会展企业的商旅客源，也可以为会展企业的商务旅客提供特别的预定安排或打折优惠；（3）很多会展企业不仅为客户提供会展服务，而且为客户提供目的地基本信息、酒店信息以及直达展馆的大巴服务等；不少会展企业的网站，除了刊登会展的信息外，还与汽车服务公司、酒店、航空公司等旅游企业网站链接，尽可能地给商旅客人提供一站式会展旅游支持。最后需要特别指出的是，新加坡旅游企业与会展企业间的这种互动是以增强自身竞争力为目的的主动性互动，旅游企业与会展企业结成伙伴关系，有利于充分利用各自的优势资源，发挥最大的协同效应，做到"同一旅客，多处消费"。

总体来看，会展业是新加坡旅游业的重要组成部分，商务、会展与奖励旅游每年能为新加坡带来 30 亿新币的旅游收益，约等于新加坡旅游收益总额的 30%，因而旅游局对旅游与会展的协同发展非常重视，无论是从宏观管理方面还是营销推广方面，旅游局在推进旅游业与会展业的互动方面都发挥了主导作用。具体体现为：（1）展览会议署归属旅游局统一管理，这样既能统筹兼顾各种资源，又能有的放矢；（2）旅游局在进行目的地促销时，将旅游与会展打包成同一组合，既吸引观光休闲游客，同时吸引商务会展人士；（3）政府与业者相结合的会奖联盟模式将为企业用户提供极富吸引力的一站式增值服务，也使得新加坡在商务、会展及奖励旅游的同业中更具竞争力。

第二节　国外成功经验对北京的启示

他山之石，可以攻玉。国外发达城市在推动旅游与会展互动发展方面的成功经验，对北京建立完善旅游业与会展业互动机制具有重要借鉴价值。

一、对政府层面的启示

（一）建立利于旅游与会展互动的服务主体

从国外几个案例的情况来看，各个城市均设有专门的部门来推动旅游业与会展业协调发展，如奥兰多的会议旅游局、新加坡的展览会议署等，并且这种专门的部门多为政府机构或者半政府机构，不仅能够在政策和信息上为两个行业的发展提供便利，而且在整个城市的规划上也将旅游业与会展业的未来发展作为重要的考虑因素。就北京而言，在旅游与会展的发展过程中，因为对二者的互动发展缺乏足够的重视，导致两个行业各有归口管理部门，甚至每个行业内部又分割成不同的职能部门，从而为两个行业的互动发展带来了管理体制方面的障碍。因而，在北京旅游与会展的互动机制设计中，首先要建立一个有利于旅游与会展互动的服务主体，既可以借鉴慕尼黑的经验，由旅游局对不同类型的会展活动实行差异化管理，也可以借鉴维也纳、奥兰多或者新加坡的经验，专门成立一个组织来协调旅游业和会展业的发展，这个组织可以是协会，也可以是政府机构，可以叫会议旅游局，也可以叫展览会议局。

（二）制定科学的税收政策，推动旅游业与会展业的互动

通过税收政策的调节来促进旅游与会展的联动，已经被国外大多数城市所采用。例如，美国22个城市均设置了客房税，作为当地会议旅游局的资金来源，一定程度上实现了税收的合理利用，同时又促进了旅游和会展的发展。除了案例中提到的几个城市外，在美国拉斯维加斯，客房税是当地会议观光局收入的主要来源，占其总收入的80%左右。目前北京缺乏利用旅游税收补充会展活动的有效途径。奥兰多的税收政策给北京提供了一个很好的借鉴，奥兰多将部分旅游税收用于旅游促销

和支持会展业的发展，既在一定程度上为旅游和会展的发展提供了资金支持，又在两个行业之间建立了紧密的相互依存关系。

（三）将特定的会展活动打造成旅游吸引物

能够成为旅游吸引物的会展活动主要集中于节事活动，由于节事活动的游客和居民参与性较强，能在短时间内吸引大量的人群，其收益远远大于一次传统的旅游活动。如案例中维也纳的节事活动众多，且大多具有悠久的历史底蕴，对游客的吸引力不仅在于活动本身，而且在于其蕴藏的文化内涵，每年均有许多政府机构、协会组织和企业选择维也纳作为活动举办地，会展活动为维也纳带来了大量的会展旅游者，同时也极大地提升了旅游业的收入。根据维也纳会议局（Vienna Convention Bureau）的统计，2009年维也纳共举办会议及公司活动2 569个，其中会议活动882个，公司活动1 687个，会展活动共为维也纳带来超过137万的过夜游客，会展游客占全部游客的比例约为14%。会展游客的平均花费为420欧元/天，而全部游客的平均花费为276欧元/天，会展活动总共为维也纳带来7.351亿欧元的直接经济收入，创造了15 000个固定工作机会。北京目前的节事市场，活动数量虽然不少，但文化内涵少，对游客的吸引力较小，算不上真正的旅游吸引物。为此，北京应该着力打造一个或几个与自身文化内涵密切相关的大型节事活动，并将其打造成特色的旅游吸引物，通过会展活动的集聚性推动旅游业的发展。

（四）在旅游设施规划和建设中加入会展的要素

北京会展活动的举办场所多集中于会展中心和酒店，其他旅游设施在定位和功能等方面较少涉及会展活动的因素。从维也纳的案例中可以看出，伴随着会展活动文化内涵的提升，许多会议策划者希望选择大学、城堡和宫殿等具有浓郁文化背景的地方作为会议的举办场所，以增加会议的吸引力，维也纳为促进旅游业的发展，对许多独特的文化建筑也进行了相应改造，满足了会展活动的特殊需求。北京同维也纳一样，是历史文化名城，历史遗留下来的特色建筑众多，除了作为传统的旅游吸引物供游客观赏外，其利用价值并不高，若将某些闲置的历史文化建筑加以适当的改造，加入满足会展活动需要的因素，将大大提高建筑本身的使用功能和价值，同时也能提高旅游和会展的双重吸引力。当然，这种改造需要充分协调文物保护与功能改造的关系，切实避免以发展旅游及会展业为由破坏文物古迹的问题。

二、对企业层面的启示

企业是市场经济的主体，旅游与会展是否能够协同发展，除了政府的积极撮合外，很重要的一点是确保旅游及会展企业能够从互动发展中获取收益。从国外四个城市的经验看，我们在企业层面的启示主要包括两个方面：

（一）旅游企业与会展企业开展广泛合作

从上述国外的案例中可以看出，这些旅游与会展互动发展比较成功的城市，在旅游企业和会展企业之间的合作方面同样非常出色。例如，慕尼黑国际展览公司与 DERTOUR 旅游服务商建立合作关系，共同创建专业化的展览会住宿接待服务网站，不仅大大提高了展览活动的专业性，而且为客户提供了非常便利的差旅服务。除此之外，新加坡旅行社和会展企业之间的互动，同样能够为北京带来很好的启迪作用。首先，企业各自为对方提供专业的服务，包括旅游企业为会展客户提供相关的差旅服务、酒店接待，会展企业为客户提供相关的旅游信息等；其次，共享商旅客户资源，这样不仅能为客户提供良好的服务，同时也降低了企业自身在寻找客户时的机会成本；最后，积极开展联合促销。新加坡旅游企业和会展企业共同参与到会展活动的营销过程中来，既丰富了营销的内容，又提高了营销的效用。

（二）旅游企业、会展企业与政府组织建立合作联盟

企业与政府建立合作联盟，能够有效调节政府和企业之间的关系，提升旅游和会展目的地的促销效果。例如，新加坡的"会奖新加坡联

盟"，由新加坡旅游局、旅游度假胜地圣淘沙集团、丽星邮轮以及新加坡知名展览会议承办地新达新加坡共同发起，通过共同搭建商旅平台，制定 BTMICE Specialist 和 BE in Singapore 等一系列措施，极大地刺激了各方的积极性，开拓了新加坡的商旅市场。北京亦可参考新加坡的做法，加强政府、行业协会以及企业的联合，协调各方利益，以最大限度地利用各方资源，共同为北京的商旅市场服务。

第五章　国内的经验及
对北京的启示

　　长期以来，我国将旅游视为居民的消费范畴，认为旅游是有钱有闲人的休闲娱乐行为，参加展览会、会议等商务活动的人，虽然同样住了酒店，消费了酒店提供的餐饮、娱乐和健身服务，但是很多人依旧不认为他们是游客。所以，在发展旅游业的时候，人们更多的是关注如何开发景区，如何设计线路，从而吸引更多的人前来观光，很少有人关注到旅游产品和服务的生产消费功能。在这种背景下，旅游与会展自然成为了两个相互分离的行业，虽然会展活动客观地给旅游业带来了客源，但在整个制度设计上，旅游业是被动的受益者，没有实现与会展业主动地融合。不过，随着我国最近10年来会展业的快速发展，人们对旅游与会展关系的认识不断加深，许多具有前瞻思维的城市，如上海、杭州、成都、大连等，已经认识到旅游与会展的互动可能带来更多的收益，所以他们率先在推动旅游与会展的互动发展方面做了大胆的尝试，并取得了非常理想的成效，积累了丰富的经验。虽然北京在促进旅游与会展互动发展中，同样有许多值得学习的地方，但是正如古人所说"三人行，必有吾师"，认真研究和学习国内这些城市的优秀做法，对推动北京旅游与会展的融合发展仍然具有十分重要的价值。本文选取了香港、上海和成都三个城市作为典型案例，加以深入剖析，并在此基础上总结出对北京的启示。

　　需要特别指出的是，与上海和成都不同，香港旅游和会展业都具有较长的历史，不仅是亚太地区的旅游和会展名城，而且在世界旅游业和会展业中具有重要地位。将香港作为案例加以分析，并以此为基础对北京未来旅游与会展业的协同发展提出相关建议，有利于提升北京的国际化视野。

第一节　国内旅游与会展互动发展的成功案例

一、香港旅游与会展互动发展分析

香港是亚洲繁华的大都市，是中国的特别行政区，是亚太地区乃至世界的金融中心、国际航运中心、地区贸易中心，拥有邻近很多国家和地区不可比拟的优越地位。截至 2007 年年底，全世界 170 个国家和地区的公民或居民可以免签证进入香港。服务业是香港的强项，占本地生产总值的 93%。香港服务业不仅比重大，而且种类全、水平高，人才济济，具有国际竞争力。旅游和会展是香港服务业的重要组成部分，是香港的重要经济支柱，2009 年到港旅客达到 2 959 万人次，旅游总收入 16.2 万亿港元，占本地生产总值的 3.4%。旅游业就业人数约 19 万人，占全港总就业人数 5.6%。香港发达的酒店业、便利的海陆空交通、丰富的旅游资源、购物者天堂和美食之都的美誉为吸引商务人士来港参加会议、展览和各种活动提供了强大的支持。作为全球第 12 大贸易地区，香港是全球公认最佳的会议、展览、奖励旅游以及商务旅游城市之一。2009 年，香港在 Business Traveller Asia-Pacific Travel Awards 大奖中，获选为"全球最佳商业城市"；2010 年，业界刊物 CEI Asia Pacific 举办的最佳会议、展览及奖励旅游城市大奖评选中，香港名列第二。

(一) 香港旅游与会展的互动方式

1. 旅行社旅游与会展业务的融合。香港旅游和会展之间的互动行为在企业层面主要表现在旅游企业经营会展业务。例如，2008 年 4 月，由中国旅行社总社、港中旅和招商国旅三个旅行社联合组成中旅国际会议展览有限公司，主要从事商务会展、会奖旅游业务的承办，协助国内外知名企业、政府部门、行业协会、社会团体等集团客户设计策划并量身定制商务考察、奖励旅游、会议管理、大型活动管理、培训教育、公关顾问、展览展示等符合客户需求的个性化解决方案。

2. 酒店建设充分考虑会展功能。香港拥有世界一流的酒店设施，发达的酒店业能满足不同类型的游客需要，并能提供数量众多且一流的会议设施。截止到 2010 年 2 月为止，香港共有 169 家酒店，提供客房59 994 间，会议室总面积 97 137 平方米，① 这不仅能够满足大量商务旅客的住宿需求，而且还为各种会展活动在酒店的举办提供了很好的场所。香港的酒店绝大多数都采用现代化的信息管理技术，工作效率与服务质量居世界前列，如文华、丽晶和半岛等大酒店几乎每年都入选"世界十大最佳服务酒店"，其卓越的服务设施和服务质量在世界上享有极高的声誉，这对于比较注重服务质量和整体环境设施的商务人士来说极具吸引力。

3. 会展场馆建设的景观化。香港会议展览中心拥有先进的会展设施，经扩建后可租用总面积逾 91 000 平方米，其中 66 000 平方米为专用展览厅，是世界最大的展览馆之一。1997 年 7 月 1 日香港回归中国大典在该处举行，成为国际瞩目的焦点，而它独特的飞鸟展翅式形态，也给美丽的维多利亚港增添了不少色彩。2009 年 4 月完成第二期扩建工程，向海一面为金紫荆广场，放有象征香港回归的金紫荆雕像，亦是香港每天举行升旗仪式的地方，吸引大批游客前往观看升旗仪式和欣赏美丽的维多利亚港湾。香港旅游事务署统计资料表明，香港会议展览中心（包括金紫荆广场）在商务旅客选择游览的旅游景点中排名首位，有18% 的商务旅客会首选该地作为游览地。

（二）香港旅游与会展的互动机制

香港在旅游与会展之间已经建立了良好的互动机制，这套机制为推动香港旅游和会展两个行业的健康发展发挥了积极作用。具体包括：

1. 在旅游发展局下设会展管理机构。香港旅游发展局属于政府资助机构，主要职能是在世界各地宣传和推广香港旅游，积极提升访港旅客在港的体验，就香港旅游设施的种类及质量定期向政府和其他有关机

---

① 数据根据香港会议及展览拓展部资料整理所得。

构提出建议。为拓展香港国际会议和展览业务，将香港打造为国际会议和展览之都，香港旅游发展局于 2008 年 11 月成立了香港会议及展览拓展部，为会展及奖励旅游营办商提供一站式的专业服务，主要包括宣传推广、为主要决策人协调场地考察安排、协助邀请主礼嘉宾及与政府部门协商等，以吸引他们在香港举办更多大型活动。2008 年 11 月，香港会议及展览拓展部的全球启动仪式于香港揭开序幕，自此至 2009 年 3 月期间，先后在全球 10 个主要市场共 13 个城市举行了启动仪式，包括香港、伦敦、巴塞罗那、上海、孟买、新德里、台北、悉尼、墨尔本、大阪、东京、首尔和纽约。会议及展览拓展部的总部设于香港，辖有四个团队。会议及展览拓展部采取重点推广策略，多管齐下，建立名为"无限机遇，盛汇香港"的推广平台，并通过广告、直销邮件、业界展销会、公关活动、网上推广、研讨会、工作坊等多元化途径，巩固并提升香港的会展奖励旅游品牌，在高潜力市场加大推广力度，在委任推广代表之余，亦推出针对目标对象的推广活动，同时在世界各地建立业务联系，以进一步提升香港会展奖励旅游品牌的知名度。

2. 旅游发展局对会展业进行统计，为促进旅游业和会展业的共同发展提供基础数据。表 5－1 及表 5－2 是香港旅游发展局香港会议及展览拓展部从会展与旅游两个视角对香港会展业有关数据的统计。

表 5－1　　　　　　　2008～2009 年香港商贸展览及会议数目

	2009 年	2008 年
商贸展览数目（个）	87	78
会议数目（个）	236	233

资料来源：香港旅游发展局香港会议及展览拓展部。

表 5－2　　　　2009 年香港会议、展览及奖励旅游过夜旅客数目

主要市场	访港旅客数目（人）	所占比重（%）	增减（%）
中国内地	441 646	37.9	6.7
南亚及东南亚	185 340	15.9	6.1

主要市场	访港旅客数目（人）	所占比重（%）	增减（%）
欧洲、非洲及中东	176 145	15.1	-3.8
美洲	131 027	11.2	-4.2
北亚	115 507	9.9	-17.3
中国台湾	65 414	5.6	1.5
澳洲、新西兰及南太平洋	44 352	3.8	-3.6
中国澳门	5 417	0.5	-39.6
总数（外地）	1 164 848	100	-0.2

资料来源：香港旅游发展局香港会议及展览拓展部。

3. 旅游与会展联合促销。为促进旅游和会展的互动发展，由香港特别行政区政府牵头，组织旅游和会展相关企业整合资源，进行联合促销。例如，香港会议及展览拓展部在 2009 年 3 月推出了名为"商机在此！"的全球推广活动，该活动与国泰航空公司、三个香港本地旅游景点和 35 家酒店携手合作，向商贸展览的买家推出了一系列优惠措施。按照该活动的安排，商贸展览的买家注册登记后，可尊享由航空公司、旅游景点和酒店提供的一连串特别优惠，从而吸引商贸展览买家来港参展，推动展览业发展。这项活动共吸引了 28 个展览参与，派发了 4 万套优惠券，所接触的全球买家超过 660 万。"商机在此！"推广渠道包括电子直销邮件、参与活动的展览营办商的网站、旅游发展局或香港会议及展览部的网站、个别市场的网上商贸杂志或报刊、在大型展览内展示的横幅以及已登记商贸展览买家抵港时所收到的优惠券等。

阅读材料 5 - 1

香港 2010～2011 年会议及展览超值优惠方案

"香港物超所值"优惠专案为前来香港参加会议及展览活动的人士提供一系列贵宾式礼遇，让访港旅客倍感宾至如归。每位自内地及海外抵港的与会人士或参展团体将可获赠欢迎礼包，内有：

1. 会议与会人士

由香港旅游发展局所赠的特色纪念品；

免费的香港街道图及其他旅游资料（香港旅游锦囊）；

购物及餐饮优惠；

香港历史博物馆及香港文化博物馆免费入场券。

2. 展览参展团体

免费的香港街道图及其他旅游资料（香港旅游锦囊）；

购物及餐饮优惠；

香港历史博物馆及香港文化博物馆免费入场券。

3. 100～299人的访港团体

香港旅游发展局欢迎礼包；

于香港国际机场内香港旅游发展局旅客咨询服务中心的多媒体旅客资讯显示系统显示欢迎语句及展示迎宾海报；

安排传统舞狮表演（表演场地由主办机构提供）。

4. 内地及海外参加人数300人或以上的参展团体

可安排传统舞狮表演（表演场地由主办机构提供）或香港警察风笛队表演。

资料来源：香港会议及展览拓展部网站，内容略有删减。

4. 创新节事活动，开展会展旅游目的地整合营销。香港旅游发展局作为旅游目的地营销的实施主体，肩负着旅游目的地营销的各项职责，每年都会创新多项节事活动，从热闹缤纷的本土节庆活动、世界级的文化艺术节目，到国际级的体育盛事，以此来提升香港作为会展旅游目的地的吸引力。例如，2009年香港旅游发展局以"香港美酒佳肴巡礼"为主题，成功吸引了大量游客；2010年则以"节庆年"作为主题，全年分6个时段配合大型节日进行推广，以凸显香港中西文化荟萃及源远流长的节庆传统。源源不断且颇具特色的节事活动为塑造和宣传香港作为会展旅游目的地的品牌形象，并为最终达到广泛的客源聚集效应做出了重要贡献。

5. 政府与行业协会紧密合作，共同推动旅游与会展的互动发展。例如，2009年香港展览会议业协会联同香港旅游发展局和香港贸易发展局，在萨格勒布举行的 UFI 周年大会中，设宴招待各国宾客，并借此机会推广香港作为会展旅游之都的目的地形象；再如，香港展览会议协会自 2006 年发表香港展览业对香港经济的整体贡献研究报告后，积极与香港特区政府展开对话，反映展览及会议业对香港经济的重要性，并于 2007 年 9 月获香港财政司司长邀请参与相关会议，就会议、展览、旅游和酒店等领域的未来发展提供意见，特区政府还为此专门成立了会展旅游跨界别督导委员会（MICE Steering Committee），以进一步推动香港会议、展览及奖励旅游业的发展。

6. 香港旅游业协会举办及参加会展领域的活动，主动加强与会展业的沟通。例如，香港旅游业协会先后筹办了澳大利亚会议业协会会议、太平洋亚洲旅游协会周年会议、第六十七届国际展览联盟联会会议、国际会议协会会议以及奖励旅游行政人员学会国际会议等，共吸引了三千多名会展业界精英来港，形成了良好的口碑营销效应。另外，为了推广香港作为亚洲会议展览之都的形象，旅游协会在北美和欧洲市场展开直销宣传活动，并积极参与旅游业展销会，如美国协会行政人员学会和国际博览管理人员协会一年一度的博览会和会议。

二、上海旅游与会展互动发展分析

上海是中国大陆第一大城市，四个中央直辖市之一，是中国内地的经济、金融、贸易和航运中心。上海拥有中国最大的外贸港口和工业基地，超过 2 000 万人居住和生活在上海地区。上海又是一个新兴的旅游目的地，具有深厚的近代城市文化底蕴和众多的历史古迹，其中上海的豪华邮轮旅游业务占据全国的 70% 以上；上海是中国会展之都，展会数量居全国首位。改革开放以来上海举办过多次大型文化活动，并建造了多所全国一流的文化设施，包括上海大剧院、上海博物馆、上海图书馆、上海影城等。上海每年举办的常规赛事有 F1（世界一级方程式锦标赛）、ATP1 000 网球大师赛、国际田联钻石联赛、世界高尔夫锦标赛—汇丰冠军赛、上海斯诺克大师赛等，体育活动非常流行。上海旅游与会展有机融合，互动发展，从而使得两个行业在中国均处于遥遥领先的地位。

（一）上海旅游与会展的互动方式

1. 通过会展活动增加旅游客源。上海市会展数量的不断增加为本地带来了大规模的商务人士。会议方面，据上海市旅游委员会统计，上海国际会议的数量和规模持续稳步增长，2006～2008 年举办的国际会议数量分别为 425 个、512 个和 661 个；会议规模以 50～500 人的中型会议为主，500 人以上的大型会议呈现逐年增长态势（见表 5-3）；展览方面，上海每年举办的展览会数量在 350～450 个之间，规模和参展人数也相当可观，如 2007 年上海国际展会总共带来参展商 16.2 万人次，观众 907 万人次（见表 5-4）。

表 5-3　　　　　　　　上海国际会议数量及规模①　　　　　　　单位：个

规模	2006 年	2007 年	2008 年
1 000 人以上	12	7	12
500～999 人	34	56	60
300～499 人	59	56	120
100～299 人	132	198	293
50～99 人	83	99	107
50 人以下	105	96	69
总计	425	512	661

资料来源：上海市旅游委员会。

表 5-4　　　　　　　　2007 年上海国际展会参加人数

展会规模（平方米）	数量（个）	参展商（万）	观众（万）
5 万以上②	25	6.82	374
3 万～5 万	21	2.53	147
1 万～3 万	98	4.80	264
1 万以下	165	2.05	122
总计	309	16.20	907

资料来源：《中国会展经济蓝皮书》，《中国会展经济发展报告》（2008）。

---

①　无法确切知道与会人数的会议未纳入统计中，其中 2006 年 50 个，2007 年 120 个，2008 年 17 个。

②　其中 10 万平方米以上的展览会为 7 个。

大量会展人员的进入为上海地区旅游业中的酒店、旅行社、景区、旅游交通、购物均带来了可观的利润，增加了上海的旅游收入。例如，2010 年的上海世博会共吸引了 200 多个国家和国际组织参展，超过 7 000 万人次的观众前来观展，上海的酒店客房出租率同比大幅提高。据上海世博会旅游接待工作情况通气会上的介绍，2010 年 5 月 1 日至 31 日，星级酒店客房平均出租率为 76%，比 2009 年同期提高了 27 个百分点，其中五星级、四星级、三星级宾馆客房平均出租率分别为 76%、78%、74%，同比分别提高了 26 个、31 个、25 个百分点。非星级宾馆饭店客房平均出租率达 76%，同比提高了 21 个百分点。星级宾馆、饭店和经济型连锁酒店价格平均上涨 30% 左右。

2. 借助会展活动加大旅游目的地形象宣传。随着上海国际化程度的不断提高，各种品牌展会以及高端会议相继落户上海，使得这座城市受到越来越多的关注，有利于政府及相关旅游部门进行目的地城市形象宣传，借会展的聚集作用推广上海都市旅游形象。以世博会为例，世博会作为高度密集型的会展活动，聚集了世界各国政界、商界、文化传媒界等各方人士，使许多不了解上海和较少接触上海的各界人士借世博会机会亲临上海，从而增强了对上海的了解。世博会起着世界名片的作用，世博会使上海成为了世界聚焦的中心，进而为以后上海旅游业的发展招揽了大批潜在客户。

3. 借助会展活动推动上海会展旅游服务体系的完善，为旅游业新增就业机会。一方面，政府及旅游企业发现会展活动巨大的发展空间和新利润增长点后，纷纷把旅游业的侧重点放在了会展旅游层面，进而催生了一系列会奖旅游服务部门及相关机构，政府通过设立会展旅游网站等措施，完善对商务游客的旅游信息服务；各大旅行社纷纷下设会展旅游分公司或会奖部门，为各种会议、展览和活动的接待提供一站式服务；另一方面，会展活动的高聚集性会在短期带来旅游服务需求的激增，从而增加了旅游就业机会。有关专家预计，世博会为上海创造了 10 万个就业机会。在准备和举办上海世博会期间，旅游饭店、餐饮、交通、景点、旅行社等机构为了作好世博会的接待工作，增加了大量的专业从业人员。

4. 会展活动为上海旅游业增添新的旅游吸引物。上海是国内展馆设施数量最多、规模最大、并且功能最全的会展城市，加上世博会新建的各种场馆，使上海具备了"场馆旅游"的丰富资源。这些会展场馆成为了新型旅游吸引物，给上海旅游业带来了新增利润点。上海市政府规定在世博结束后保留部分场馆，其意义就在于将其作为未来的旅游景点供游客观光。

5. 发达的旅游接待条件对会展业形成有力支撑。上海市旅游局统计数据显示，2008 年上海共有星级饭店 310 家，其中五星级宾馆 37 家，客房数总计 6. 13 万间，可接待人数共计 9. 82 万人次（详见表 5 - 5）；旅行社共 901 家，其中国际旅行社 55 家；A 级旅游景点 24 家，旅游咨询服务中心 27 个，旅游集散中心站点 5 个。上海市完备的旅游基础设施及服务体系，已经成为会展人士选择上海举办和参加会展活动的一个重要动机。会展业是一个与旅游业高度相关的产业，没有了旅游体系的支撑，将导致会展产业不能正常进行，同时会大大降低会展城市的吸引力。

表 5 - 5　　　　　　上海旅游星级饭店基本情况（2008 年）

指标	合计	五星级	四星级	三星级	二星级	一星级
饭店数（个）	310	37	54	126	89	4
客房数（万间）	6. 13	1. 62	1. 74	2. 06	0. 69	0. 02
床位数（万张）	9. 82	2. 27	2. 65	3. 61	1. 25	0. 04

资料来源：上海市旅游局官网。

6. 丰富的旅游资源成为会展业发展的强大吸引物。上海作为全国的经济和文化中心，其发达的都市商业、兼容的海派文化、现代的城市景观都强烈地吸引着海内外游客，从而使上海成为重要的购物和休闲娱乐城市。上海博物馆、上海城市规划展示馆、东方明珠广播电视塔、环球金融中心大厦、上海大剧院、上海豫园、豫园商城、上海外滩风景区、上海新天地娱乐休闲街、陆家嘴金融贸易区、朱家角旅游风景区、8 号桥创意产业园区等构成了迷人的都市风景线，同时也是上海都市旅游的著名景观。除此之外，上海素有"美食天堂"、"购物乐园"之称，拥有世界各国的特色饮食和经典时尚的购物中心。上海目前拥有 3 万多

家中西餐饮企业。西餐汇聚了意大利、法国、日本、葡萄牙、印度等
30 多个国家的风味；中餐汇聚了苏、锡、宁、徽等近 20 个地方风味，
著名的有老城隍庙、吴江路、云南路、黄河路等饮食文化区。中华商业
第一街南京路、繁华高雅的淮海路是闻名全国的商业大街，正大广场、
港汇广场规模巨大，恒隆广场、美美百货云集顶级品牌，时尚商品、大
众用品等不胜枚举。上海现代化的都市旅游资源不仅能够满足商务人士
的高端消费需求，而且能够为各种会展活动提供高品位的接待服务，从
而在一定程度上增加了上海会展业的吸引力。

（二）上海旅游与会展的互动机制

上海旅游与会展之所以能够做到如此默契的合作，与政府的主动撮
合、企业的主动联合密不可分。具体来说，主要体现在以下 9 个方面：

1. 实行"上海会议大使"制度，加快上海会议旅游的发展。2006
年上海市旅游局在全国率先引入"上海会议大使"聘请制度，至 2009
年已聘请 36 位"上海会议大使"，这些会议大使由不同国家、不同地
区、不同领域的精英组成，在国际上有一定的知名度和影响力，能够为
招揽国内外品牌会议落户上海发挥一定的作用，从而加快上海会议旅游
市场的发展。

2. 成立专门机构，发展会展旅游。上海市旅游事业管理委员会曾
在年度工作计划里，把"深化发展会展奖励旅游，培育国际品牌展览，
吸引国际会展公司和会展承办机构落户上海，不断完善和推行'会议大
使'制度"列为主要任务。为使会展推广常态化，上海市旅游事业管
理委员会特别设置了面向国内外的专业会展推广与服务机构——"上海
旅游会展推广中心（SICMO）"。

上海旅游会展推广中心（SICMO）有广阔的行业资源通路，有及时
的行业信息情报和有效的媒体支持，同时有专业的策划、组织与执行的
专家团队，因而在专业化推广上海会展旅游方面优势明显。该中心的业
务范围主要包括：（1）协助市旅游局推广上海会展奖励旅游；（2）策
划制作最新的上海旅游宣传品；（3）协助举办各类旅游推介会及展会
活动；（4）协助或承接各类活动、会议的专业策划、组织、协调与执
行；（5）协助会展招徕与国际会议申办；（6）会展旅游专业数据收集

与分析；（7）会展行业专业信息发布。

除此之外，在 2010 年上海世博会期间，由于世博会的消费链庞大，上海为此专门成立了 2010 年上海世界博览会执行委员会，该机构是中国 2010 年上海世界博览会组委会的执行机构，由上海市外贸、文化、科委等政府部门和行业协会、科研院所等有关部门的 42 家成员单位组成。该机构在组委会领导下，执行组委会相关决议，指导、协调上海市有关机构开展工作，下设上海世博会事务协调局，保证世博会各项工作的顺利开展，并进行大密度、高强度的世博旅游促销活动。

3. 利用大型活动，进行国际旅游营销。例如，世博会举办前期和举办期间，政府利用大型国际节庆活动，不失时机的为世博会开展形式多样的旅游营销，努力把世博旅游更好地推销给世界。在 2009 年上海市旅游局主办的上海旅游期间，短短的 25 天，汇聚了 800 余万国内外游客。此届上海旅游节以推广"世博之旅"为重点，邀请了来自世界各地的外籍人士参与旅游节中的演出活动，通过活动过程中的推广与宣传，让游客了解世博并使其有兴趣体验世博之旅，达到旅游营销的目的。

4. 创新节庆活动的旅游产品，提升游客参与度。例如，为满足旅游者越来越差异化的需求，上海旅游节中，各区政府相关部门开始努力在产品特色、区域特色、服务特色上进行创新。杨浦区把百年老厂、百年大学、百年市政文明和体育休闲相结合，形成上海的"百字号"旅游产品；闸北区推出了一批以"茶"为内容的旅游线路，临汾街道向国内外推出了新区之旅；虹口区则将人文资源和经典虹口结合，推出了经典虹口老上海系列旅游产品等，通过这些节庆创新活动，让游客更好地体验了节庆旅游的价值和乐趣。

5. 运用"会展＋旅游"模式进行联合促销，加强城市和地区之间的竞争与合作。例如，在世博会期间，一方面以上海为中心的华东各省市借世博会契机，运用了形式各异的联合促销手段加快各地旅游业的发展，如在世博会开幕前，江苏省八个城市集体推出"相约世博"的旅游优惠政策，安徽将世博门票与景点门票捆绑促销，贵州推出门票打折、机票补贴政策等；另一方面，上海通过加强区域合作，为实现长三角地区主要景点与世博会的对接、旅游基础设施的互补共享，起到了"催化剂"

的作用。

6. 会展协会强化会展对旅游的辐射功能。例如，上海市会展行业协会在 2008 年与 27 个会展企业联合提出的"推进上海会展品牌建设"倡议书中明确指出，需完善会展"产业链"整体的联动与融合，提升会展对关联产业的辐射服务功能，特别强调了会展对旅游的辐射效应。

7. 会展协会联合旅游企业进行整合营销。例如，上海市会展行业协会与住宿、餐饮、旅游等多家旅游企业结成合作关系，在协会网站上推荐旅游合作企业的详细信息，为商务人士提供满意的价格和便捷的商务旅游服务。2006 年由上海市会展行业协会和上海商务国际旅行社有限公司联合推出的"2006 奖励旅游——东京美食五日游"特色活动，就是其中的一个案例。

阅读材料 5-2

2006 奖励旅游——"东京美食五日游"方案

主办单位：上海市会展行业协会
　　　　　　上海商务国际旅行社有限公司
具体实施方案
一、组团对象：

1. 参加展览会的企事业单位和参观展览会的观众；

2. 展览会的主办、承办单位，为展览会配套服务的公司；

3. 以展览会的主办单位为组团单位。

二、价格（突发情况此价格无效）：

1. 在日本的食宿交通费用每人只有人民币 5 800 元，来回机票免费；

2. 不另加收其他任何费用（除在行程中注明费用自理外）；

3. 本报价不包含在日本的小费（小费每人每天人民币 50 元）；

4. 此价格仅对会展行业协会会员单位员工有效，其他人员价格为 7 000 元。

三、计划安排：

1. 每月组团 2~3 次；

2. 以 32 人为一个团。

四、操作方法：

1. 展览会的主办、承办单位以展览会的名义对参展企业（本地企业为主）实行奖励措施；

2. 对参观的观众（本地观众为主）以抽奖的形式实行奖励措施；

3. 对本企业的员工实行奖励措施；

4. 对展览会的合作对象实行奖励措施。

五、报名方法：

1. 以会展公司为一个组团单位，一个团为 32 人；

2. 参团人员可以是参展企业人员，也可以是参观观众；

3. 参团人员每人填写下列表格，以便确认办理签证手续等；

4. 参团人员以因私护照为主。

资料来源：www.kudos.cc/autoweb/goto.php? storeid = 25702&goto = product&productid = 180303.，内容有所删改。

8. 旅游企业与会展协会的融合。例如，上海春秋旅行社加入了国际会议协会（ICCA）。该协会成立于 1963 年，总部设在阿姆斯特丹，是世界上最具权威性的会议业协会组织之一，上海春秋旅行社是中国旅行社中最早加入 ICCA 的会员。春秋旅行社的加入，是旅游企业向国际会展业进军的一大信号。近年来上海优越的地理位置、特殊的人文旅游资源等优势，已经成为许多会议主办者瞩目的地方。上海春秋旅行社加入 ICCA，使企业在争取承办国际性会议方面有了一条相对准确、有效的促销渠道。

9. 旅行社与会展企业交叉协作。会展举办期间主办地客流量大幅上升，对当地的交通、酒店和餐饮等部门形成较大压力，旅行社通过协调这些服务供应商为参会人员提供一条龙服务，能够使会展活动井然有序地进行，为会展的可持续发展提供基本保障。例如，第四届上海工业博览会上，承办单位上海外经贸商务展览有限公司将上海依佩克旅游实业有限公司和香港中国旅行社作为工博会指定旅行社代理，利用旅行社在团队接待上丰富的操作经验，以及与交通、酒店、餐饮、景区等服务供应商的密切合作关系，委托其为所有参展商和观众提供相关酒店、票务预订服务，从而保障了工博会的顺利进行。

三、成都旅游与会展互动发展分析

（一）成都旅游与会展的互动方式

1. 会展业给旅游业带来客源。成都会展业对旅游业的推动作用主要体现在会展业增加了旅游业的吸引力，给旅游业带来了多元化的客源，为旅游业提供了新的增长点。近年来成都会展产业发展呈加速态势，行业运行质量较高。统计显示，2009 年成都会展业直接收入 25.52 亿元，增加值 18.7 亿元，同比增长 35.2%；共举办各类展会节庆活动 320 多个，同比增长 23.04%，其中专业展会 100 多个，举办各类会议 1.48 万个，大型综合专业论坛和学术会议 100 多个，节庆活动 120 多个。2009 年，成都市参展参节参会人数超过 7 240 万人次，其中外地人数超过 1 062 万人次，直接带动旅游、广告、餐饮、娱乐、交通、信息通讯等服务行业的发展，拉动消费 215.2 亿元，增幅超过 22%。

2. 成都旅游业对会展业形成支撑。一方面，旅游业为会展业提供了完善的基础设施及相关服务；另一方面，成都丰富的区域旅游资源增加了会展活动的吸引力。近年来，成都旅游产业发展较快，旅游接待能力逐渐增强，与旅游相关的接待设施与服务逐步得到完善。截至 2007 年，成都拥有香格里拉、索非特万达等 13 家五星级酒店和 28 家四星级酒店；全市旅行社 258 家，其中国际旅行社达 39 家，成都市较为完善的服务接待体系为会展业的发展提供了强有力的依托。另一方面，成都市名胜古迹众多，自然风光绮丽，旅游资源得天独厚，是中国最佳旅游城市之一。拥有世界遗产 2 处，15 个国家 A 级旅游景区，4 个国家森林公园，2 个国家自然保护区，1 个国家地质公园，4 个全国农业旅游示范点，初具规模和接待服务功能的旅游景区（点）有 40 余个，旅游古镇 6 个。丰富的自然及人文景观增加了会展活动的吸引力，成为成都会展活动区别于其他城市的重要竞争力之一。

（二）成都旅游与会展的互动机制

1. 从政府层面看，政府推进旅游与会展互动发展的措施主要包括明确产业规划、提供政策保障、推进旅游与会展联盟等方面。具体来说：

（1）明确"大旅游"产业发展概念。《成都市现代服务业发展纲要》中明确提出，要加快发展以旅游、会展、美食为重点的"大旅游"产业，努力打造国际知名旅游城市，到 2015 年，实现接待入境旅游者170 万人次，国内旅游者 8 000 万人次，旅游总收入 1 100 亿元；

（2）"十一五"旅游规划整合会展旅游资源。包括打造南部商务会展旅游区；打造西部文化、美食、会展旅游片区；推进环城东花果观光休闲旅游板块建设，突出休闲农业的体验性，打造国家级休闲度假旅游区；

（3）自 2009 年 5 月 12 日起施行的《成都市旅游业促进条例》中明确提出要鼓励旅游业与会展业相结合，如《条例》中第十四条规定："利用境内外知名品牌节庆会展、文艺演出、体育赛事等大型活动开发旅游产品的，旅游行政主管部门应当给予项目引进奖励和旅游产品策划、包装、宣传、推介等支持"。

（4）整合旅游业资源，建立"会展服务联盟"。成都会展办作为专业会展管理机构，非常重视与旅游的合作，会展办与成都的宾馆、酒店、旅行社和餐饮等旅游业资源共同成立"会展服务联盟"，较好地实现了旅游与会展之间的互动发展。

2. 从行业协会层面看，主要表现为成都会展、旅游、餐饮方面的协会组织，合作成立"会展旅游联盟"，共同开发会展旅游市场。例如，成都会展行业协会、成都旅游行业协会、成都餐饮同业公会等协会联合 100 多家企业共同发起并建立会展旅游联盟。

3. 从企业层面看，成都最主要的表现形式是组建了大型的会展旅游集团，通过多元化整合旅游与会展的资源，有效地实现了旅游业与会展业的联动。例如，于 1997 年成立的成都会展旅游集团，是一家集展览、会议、旅游、景区经营、酒店服务及房地产开发、物业管理等多项产业于一体的大型企业集团。经过十多年大胆探索与成功实践，走出了一条以会展旅游拉动区域经济、带动城市建设的复合型经营建设道路，创立了"会展业的成都模式"。

会展业的成都模式——成都会展旅游集团

成都会展旅游集团创立于 1997 年，是一家集展览、会议、旅游、景区经营、酒店服务及房地产开发、物业管理等多项产业于一体的大型企业集团。经过十余年大胆探索与成功实践，现已发展成为中国西部地区业内的顶尖企业集团之一。集团以旗下的世纪城新国际会展中心、九寨天堂国际会议度假中心、成都国际会议展览中心（沙湾）三大片区为依托，形成了从会议展览到旅游服务的产业联动，开创了独特的业务发展模式，实现了经营理念的创新，走出了一条以会展旅游拉动区域经济、带动城市建设的会展旅游地产复合型经营建设道路，取得了良好的社会效益和经济效益。集团发展历程可以简要概括为以下 5 个阶段：

（1）1997~1998 年，与成都市人民政府合作成立成都国际会议展览中心（沙湾），一并成立了展览公司、展览发展公司、展览广告公司和展览服务公司，"会展经济"显露端倪；

（2）1999~2000 年，顺兴老茶馆、成都现代艺术馆、沙湾新会议中心、金色歌剧院、宴会厅、商务中心等对外营业；

（3）2001~2003 年，成都熊猫旅游集团股份有限公司（熊猫国旅）成立，九寨天堂国际会议度假中心落成并投入运营；

（4）2004~2008 年，世纪城新国际会展中心展馆、娇子国际会议中心、洲际酒店群落成运营，时尚天堂街区对外销售、摩尔百盛会展店开业、世纪城天鹅湖花园开盘；

（5）2009~2011 年，四川黑龙滩的长岛国际旅游度假中心项目奠基，老会展·现代城项目、新世纪环球中心、三岔湖长度国际旅游度假区和拉萨圣地天堂洲际大饭店项目开工。

资料来源：根据成都会展旅游集团网站资料整理，www.etgcn.com。

第二节　国内成功经验对北京的启示

前一节以中国香港、上海和成都为案例，总结了国内具有代表性的旅游业与会展业互动经验，北京需认真研究这些经验并采取相应措施，以充分发挥旅游业与会展业之间的联动效应。这些措施主要体现在政府职能定位、机构的设置与管理、开展联合营销、发挥行业协会作用、组建大型的会展旅游企业集团、创新以节事活动为代表的会展旅游产品、会展场馆的建设及后续利用等方面。

一、政府层面

从政府层面看，要想有效推动旅游与会展的合作，一是需要从产业的规划中实现二者的融合；二是需要设立专门的机构或者的部门负责促进二者的互动；三是要积极推进政府、协会与企业的合作。具体来说：

（一）将旅游与会展的互动发展纳入到政府的统一规划

政府在推动旅游与会展的互动发展中，一是要从宏观规划层面将两个产业纳入统一的体系；二是要通过具体的政策，引导二者的互动发展。例如，成都的"十一五"旅游规划中明确提出了整合会展业及旅游业的资源，集中打造南部商务会展旅游区，西部文化、美食、会展旅游片区及环城东花果观光休闲旅游板块；成都市政府在《成都市现代服务业发展纲要》中，将旅游及会展共同纳入"大旅游"产业中，并且明确提出了互动发展的目标。此外，政府的职能还体现在通过制定发展会展旅游的鼓励政策促进旅游业与会展业的有效互动。除此之外，《成都市旅游业促进条例》中，明确提出对"利用境内外知名品牌节庆会展、文艺演出、体育赛事等大型活动开发旅游产品的，旅游行政主管部门应当给予奖励"。这些奖励措施有利于充分调动社会各界的主动性，积极争取各种会展活动的举办权，促进旅游与会展的协同发展。

（二）政府需设置专门机构推进旅游与会展互动发展

在机构设置及管理方面，北京市可以通过设置一个综合的会展旅游管理机构统一管理、统一促销，从而促使旅游业与会展业的互动发展。这方面，香港的做法具有较强的借鉴意义。如图5-1所示，香港旅发局下设香港会议及展览拓展部，为会展奖励旅游营办商提供一站式的专业服务，以吸引会展奖励旅游营办商在香港举办更多的会展活动。此外，为举办各类旅游推介会及展会活动、有效推广上海会展奖励旅游，上海市旅游事业管理委员会同样下设了会展活动的专业推广与服务机构——上海旅游会展推广中心。通常情况下，机构的专业化更加有利于责任的落实，香港、上海等城市之所以设立专门机构推动旅游与会展的融合发展，在很大程度上是为了将二者的联动落到实处，避免只停留在概念和设想层面。

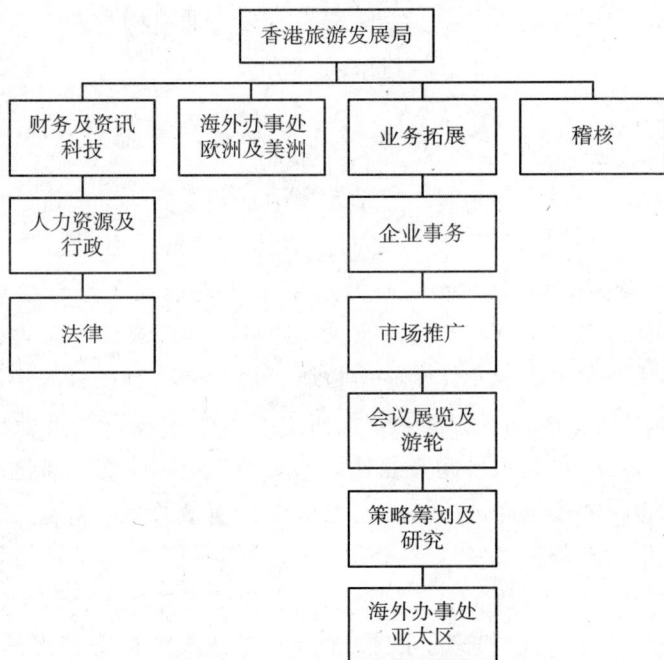

图5-1　香港旅游发展局组织架构

（三）政府要发挥主导作用，积极推进政府、协会与企业联合

从上述的案例中可以看出，由政府牵头，推动政府、协会与旅游及会展企业的合作，是一种促进旅游与会展融合发展的有效措施。例如，香港会议及展览拓展部与国泰航空公司、本地旅游景点和 35 家酒店携手合作推出名为"商机在此！"的全球推广活动，吸引了许多商务旅客到港参加会展活动，取得了理想的效果。另外，还可以由政府牵头，与协会和企业联合，聘请拥有会展资源的人士为城市申请国际会展活动，如上海市推行的"上海会议大使"制度就是这样一种基本思路。通过邀请这些知名人士到举办城市实地考察，使他们对城市举办大型会展的各种会展设施、接待条件、旅游吸引物等有一定的认识，能够给举办城市带来更多的会展活动机会。

二、协会层面

在协会层面，一是要充分发挥协会的桥梁和纽带优势，为政府推进旅游与会展的合作出谋划策，另一方面要加强旅游协会与会展协会的业务合作，除此之外，还要积极推动政府、协会与企业间的多方合作，从不同层面推动旅游与会展的互动发展。

（一）充分发挥协会优势，为政府推进旅游与会展的合作出谋划策

协会是政府与企业之间的桥梁和纽带，协会在联系企业方面比政府具有更大的优势。因而，充分发挥协会在联系会员企业方面的优势，并积极反映会员要求，为政府出谋划策，对政府推进旅游与会展的合作具有重要价值。例如，2006 年香港展览会议协会发表了香港展览业对香港经济的贡献研究报告，并以此为契机，积极与香港特区政府展开对话，反映会展业对香港经济特别是旅游业的重要性，最终促成了香港会展旅游跨界别督导委员会的成立，为推进香港旅游与会展的互动发展发挥了积极的作用。

（二）旅游协会与会展协会之间的合作

从前文的案例中可以看出，旅游协会与会展协会的合作是推动旅游与会展互动发展的重要力量。例如，成都会展行业协会、成都旅游行业协会等协会组织连同100多家企业共同建立了会展旅游联盟，有效整合了旅游业与会展业的相关资源，大大提升了成都会展旅游产品的品牌价值。

北京在推进旅游与会展的合作中，同样需要充分挖掘协会间合作的潜力，会展业行业协会、旅游协会、旅行社协会、酒店行业协会等需要连成一体，组织各行业内的企业共同形成具有影响力的会展旅游联盟。协会在此过程中的主要工作一方面是整合旅游业与会展业的资源，协助创建国际著名会展旅游品牌；另一方面，可以通过建立专门的研究小组，密切关注、跟踪国际会展旅游业发展动向，与有关大学或国际会展旅游组织合作，进行会展旅游专业培训教育，加强对会展旅游发展的理论研究等，从不同侧面推动会展与旅游的协同发展。

（三）形成政府、协会与企业联动机制，共同开展会展旅游目的地促销

为了使城市会展旅游目的地形象营销工作更加有效，协会往往可以与政府部门以及相关企业协同对外进行营销。例如，2009年UFI的周年大会中，香港展览会议业协会就联同香港旅游发展局及香港贸易发展局，设宴招待国际宾客，并推广香港作为会展旅游之都的目的地形象，并取得了良好的效果。另一方面，旅游业及会展业协会还可以带动企业进行联合营销，引导旅行社等旅游企业加入国际会议协会、国际专业会议组织者协会、会议策划者国际联盟等国际专业组织，并利用参加国际会展活动的机会，向国际知名专业人士介绍目的地的会展旅游产品，充分利用口碑效应对会展旅游目的地形象进行有效推广。例如，2006年上海市会展行业协会和上海商务国际旅行社有限公司联合推出的"2006奖励旅游——东京美食五日游"特色活动，就是一个比较成功的案例。

三、企 业 层 面

从上述案例中可以看出，国内企业在推动旅游与会展的互动合作方面，主要采取了两种措施，一是将旅游与会展资源内部化，组建会展旅游集团；二是加强旅游企业与会展企业的业务合作，实现横向联合。

（一）组建大型会展旅游企业集团，有效整合会展旅游资源

组建大型会展旅游企业集团对于促进旅游业与会展业改革和加快其互动发展是非常必要的，这种将外部市场交易关系转化为企业内部部门之间的关系，有利于降低外部交易费用，加强部门间的沟通交流，促进部门之间的协作，为旅游业与会展业的互动发展实现了体制上的创新。例如，于 1997 年成立的成都会展旅游集团，经过十多年大胆探索与成功实践，逐步从原来经营展览业务的展览公司发展成如今集展览、会议、旅游、景区经营、酒店服务及房地产开发等多项产业于一体的大型企业集团，形成了从会议展览到旅游服务的产业联动，走出了一条会展旅游地产的复合型经营建设道路，并创立了"会展业的成都模式"。从成都的经验中可以看到，北京会展企业与旅游企业的互动可以选择走集团化发展之路，通过资产重组、参股控股、兼并收购等方式，实现跨地区、跨部门的联合，组建大型会展旅游企业集团，充分发挥大型会展旅游企业集团的整体规模优势，逐步扩大会展旅游业的外延，切实提高服务水平，增加服务项目，从而增加会展旅游业务的附加值，提高北京会展旅游企业的服务品质和国际竞争力。

（二）旅游企业与会展企业深度合作

会展活动涉及参展参会人员落地后的接待问题，短期内大量的客流涌入目的地通常会对当地的酒店、餐饮等部门造成较大压力，并有可能出现参展人员落地后找不到酒店入住等问题，由于资源的限制，大部分会展企业无法对当地酒店、餐饮等服务提供商进行全面的识别及质量管理，这会影响客户对会展企业的评价，最终影响会展企业的形象。而旅

行社可以有效协调这些服务供应商的参会人员提供有质量保障的一条龙服务，因此，会展企业可以与旅行社进行合作，使会展活动井然有序地进行。例如，第四届上海工业博览会上，上海外经贸商务展览有限公司将上海依佩克旅游实业有限公司和香港中国旅行社作为工博会指定旅行社代理，凭借该旅行社与交通、酒店、餐饮、景区等服务供应商的密切合作关系，有效保障了工博会的顺利进行。此外，会展企业还可单独与这些上游产业链的服务提供商签订长期合同，通过给予这些服务商长期获利的预期，有效降低欺诈行为的发生。

第六章　北京旅游与会展互动
发展的探索

　　北京作为全国的政治、经济和文化中心，拥有众多名胜古迹和人文景观，特别是在经历了 2008 年奥运会之后，城市基础设施和接待能力得到了极大的提升，这为会展业的发展提供了必要的旅游配套设施与服务；同时北京拥有众多设施先进、规模较大的会议和展览中心，国际会议、国际重大体育赛事、文化交流等会展活动长年不断，为北京开拓会议、展览、节庆活动等高端旅游市场创造了极为有利的条件。北京会展业丰富了旅游业的内涵，同时旅游业促进了会展产业的发展，在旅游与会展互动发展方面已经进行了卓有成效的探索和实践，为进一步研究北京旅游与会展的互动机制奠定了良好的基础。本章首先从会议、展览、节庆、体育赛事、演出五个方面，简要阐述并分析北京旅游与会展互动发展方面的基本状况，并在此基础上分析存在的问题与原因。

第一节　北京旅游和会议的互动发展状况

　　会议与旅游紧密相连、相辅相成、互为补充。一方面会议的举办能够为旅游业带来高端客源，有助于新的旅游增长点的培育；另一方面，旅游资源丰富和旅游接待设施完善的目的地，能够吸引更多的会议前来举办，从而促进会议业的发展。由此看来，会议与旅游的互动发展，可借彼此之力前行，更有力的开拓市场。目前，北京市已经认识到会议对于旅游业的重要作用，设立了相关的政府职能部门支持会议与旅游的互动，并出台了一系列政策，鼓励旅游企业涉足会议业务，在推进旅游与会议互动发展方面进行了有益的探索。以下我们从政府和企业两个层面，对这些探索和实践进行简要介绍。

一、政府层面

北京市政府非常重视旅游与会议的协同发展，不仅在各种规划中对会议与旅游的互动发展提出了明确的要求，而且在北京市旅游发展委员会下成立了专门的机构具体负责北京会议与奖励旅游市场的推广、项目研发等工作，除此之外，北京市旅游发展委员会还通过多种方式与国际会展机构建立联系，以更好地推进会议与旅游的结合。

（一）将会议与旅游的互动发展列入政府规划

北京市政府无论从城市总体规划，还是从旅游与会展的专项规划，都非常重视会议与旅游的互动发展。首先，《北京城市总体规划 2004 ~ 2020》中明确指出，怀柔、密云新城等地区作为北京东部发展带上的重要节点和国际交往中心的重要组成部分，需引导发展会议、旅游、休闲度假等功能；其次，《北京市"十二五"时期旅游业发展规划》中指出，要加快会奖旅游产品开发。依托首都功能核心区深厚的历史文化底蕴和丰富的旅游资源，结合六大会议业主导的会展产业集聚板块（怀柔雁栖湖、密云龙湾水乡、昌平小汤山、海淀稻香湖、丰台青龙湖、石景山首钢）的培育和建设，通过国际会奖旅游市场的开拓、国际重大会议与节事活动的申办与组织、会奖专业人才和队伍的建设等举措，显著提升北京首都特色会奖旅游产品的吸引力和竞争力，力争成为亚洲排名领先的会奖旅游目的地。与此同时，将雁栖湖国际会议中心、北方温泉会议中心、龙湾水乡会议中心等项目列为"十二五"时期优先鼓励的旅游项目类型；除此之外，将雁栖湖国际会议度假旅游提升项目列为"十二五"时期北京旅游十二个引擎性项目之一，该项目以北京雁栖湖国际会议中心为核心，以 G20 等国际级高端会议举办为契机，高起点、高档次打造会议及配套服务设施，盘活并升级现有存量旅游接待设施，整合周边长城、影视、宗教等旅游资源，增加高科技、高品位的旅游娱乐项目，全面提升整体接待档次，力争把该地区打造成为世界一流的国际会议度假旅游区。

（二）设立专门职能部门负责会奖旅游业务

尽管目前北京还没有像奥兰多会议观光局（CVB）这样相对独立的专业性会议与旅游机构，但是北京市旅游发展委员会目前已经设立了"高端旅游发展处"，其主要职责是"负责组织拟订本市会展旅游、会议奖励旅游、商务旅游等高端旅游项目开发规划、计划并组织实施；建立完善高端旅游促进奖励机制，协调推进重大高端旅游活动的实施；负责高端会议奖励旅游专业人才国际资质认证工作"。这一机构的设立，对促进会议与旅游的结合提供了机构保障。

（三）旅游行政部门积极加入国际会奖组织

目前，北京市旅游发展委员会已加入国际大会及会议协会（IC-CA）、国际会议专业者联盟（MPI）和国际奖励旅游协会（SITE）等国际会奖专业组织，与其进行战略合作，申办国际性会议和组织大型旅游活动。例如，2009年12月，北京市旅游局成功申办了国际奖励旅游协会（SITE）全球年会，以期望全球更多的会奖旅游组织了解北京，并前来北京举办会议和奖励旅游活动，该大会已经于2012年在北京举行。2010年，北京市旅游局和北京首都旅游集团共同承办了第十届世界旅游旅行大会。会议期间，北京市旅游局向国内外投资商重点推介了12区县共计20个重大旅游产业项目，总投资额高达550亿元，其中包括会议、奖励、修学等旅游项目，从这些项目投资计划中可以看出，北京市非常重视发展高端旅游市场，并力争将北京打造成为未来的会议奖励旅游之都。

二、企业层面

从企业层面看，会议与旅游的互动范围非常广泛，方式多种多样，既有会议中心等会展企业涉足旅游业务，又有酒店、旅行社等旅游企业涉足会议业务。

（一）会议企业经营旅游业务

从北京目前的实践看，会议企业涉足旅游业务，主要表现为传统功能单一的会议中心开始通过收购兼并等手段涉足酒店业务，与此同时新建的会议中心大都考虑到会议与酒店的统一。

1. 将酒店纳入会议中心的统一规划。一些会议企业为了最大限度地获得会议收益，将酒店纳入自身建设规划中，更加注重其功能的合理性和综合性，在完善会议设施的同时，进行酒店、餐饮、休闲娱乐和购物等配套服务建设，形成以举办各类会议为主体功能，并辅之以展览、住宿、餐饮及其他相关功能的建筑群体。例如，国家会议中心就是一个典型案例，该中心拥有豪华四星级的国家会议中心大酒店，该酒店拥有443间客房，与国家会议中心有空中走廊相通，步行仅需3分钟。作为国家会议中心的主要接待酒店，酒店设施的配备充分考虑了会议客人的需求。

2. 与周边酒店进行合作或合并经营。还有一些会议中心，过去功能单一，主要承接会议，无法获取更多的住宿、餐饮和娱乐收益。在这种情况下，为了更好地经营，他们通过与周边酒店的合作或合并经营，来扩大会议中心的收益。例如，北京国际会议中心与北京五洲大酒店合并经营，就是一个成功的案例。以会议展览接待服务为主要经营项目的北京五洲大酒店和北京国际会议中心，同属于北京北辰实业股份有限公司。2002年12月，北辰集团公司对两家企业的经营管理模式进行调整，将两家企业合并管理，统一经营。经过多年发展，目前已形成了较为成熟的经营服务模式，利用整合资源优势为客人提供"一站式"服务，并通过会议项目带来除场租外的住房、餐饮、商务等多方面经济收入，有效提高了综合效益。

（二）旅游企业经营会议业务

对旅游业来说，会议参加者属于高端客源，能够给旅游业带来更多的经济收益，因而在拓展新业务的过程中，许多旅游企业不约而同地将视角投向了会议业，如很多传统的旅游接待酒店在更新改造中增加了会议设施，许多旅行社专门成立了会奖旅游部，许多旅游交通公司也将服务会议作为其重要的业务内容。具体来说：

1. 酒店向会议业务扩张。由于会议客人除了使用会议室之外，还可能使用酒店的客房、餐厅、娱乐设施等，所以对许多酒店来说，会议是能够创造多元价值的综合业务，从而导致越来越多的酒店将业务拓展到会议领域。从表6－1可以看出，目前北京市会议室面积最大的十个会议场所中，有8个在星级酒店，且均为五星级酒店。这些酒店具有先进的会议接待设施、高档的客房、完善的餐饮等会议配套服务，可以满足会议举办过程中的各种需求。例如，九华山庄拥有1 200间客房和60余间不同规模的会议室，每个会议室可容纳30～1 000人不等的参会人员，作为郊区度假酒店，能够提供相对封闭的住宿接待环境，同时可以避免与会人员受到过多的外界干扰。在九华山庄内，每个会议区分别配备客房和餐厅，参会人员可以享受住宿、餐饮、会议等一站式服务，相对集中的规划方便了会议组织者的管理，有助于与会人士提高参会效率。

表6－1　　　　　　　　　会议室总面积最大的十个会议场所

饭店序号	酒店名称	会议室面积（平方米）	星级
1	国家会议中心	40 352	—
2	九华山庄	14 590	五星级
3	北京拉斐特城堡酒店	12 600	五星级
4	北京国际会议中心	11 582	—
5	中国大饭店	8 445	五星级
6	北京香格里拉饭店	8 363	五星级
7	北京国际饭店	7 559	五星级
8	北京新世纪日航饭店	5 532	五星级
9	北京嘉里中心饭店	5 353	五星级
10	北京JW万豪酒店	4 641	五星级

数据来源：课题组对北京市星级会议酒店的调研。

2. 旅行社发挥自身优势开拓会奖业务。由于会议行业能够带动交通、酒店、餐饮、购物、旅游等方面的发展，而旅行社又在组织这些业务方面有着非常明显的优势，这就为旅行社与会议业的融合发展奠定了坚实的业务基础。从北京的实践看，目前旅行社开拓会奖业务主要是通过设立专门业务部门或者专业公司的形式来进行。例如，1998年中青旅成立商务会奖处，专门从事会奖业务，伴随着业务的拓展，2001年中青旅成立会议奖励旅游部，2002年中青旅控股股份有限公司成立北京国际会议展览分公司，并于2007年成立了中青旅（北京）国际会议展览有限公司，从而成为了中国旅行社行业内第一家专注于会议展览旅游市场的公司。又如，1996年中旅总社率先设立了专门的国际会议奖励旅游中心，专业从事会议、奖励旅游的组织、策划、安排和会后旅游等。经过十多年的发展，中旅总社会奖中心与港中旅国际商务会奖部和招商国旅商务会奖部合并，成立了专业的会展公司——中旅国际会议展览有限公司。除此之外，中国国际旅行社总社也是进军会奖业务比较成功的范例。国旅总社的会奖业务有商务会展及奖励旅游总部和专项旅游部两个部门同时进行，2009年在这两个部门的基础上，正式设立了国旅（北京）国际会议展览有限公司。

3. 旅游交通公司涉足会议业。会议举办期间会有大量参与者集聚在会议举办地，从而对运送参会者的交通产生较大的需求。例如，贵宾级的会议参加者需要派专车接送，组团形式的参会者在酒店及会议场所之间的交通以及会后旅游等都需要借助大型旅游车等。旅游交通公司具有比较齐全的车型和相对完善的运送系统，其涉足会议业，不仅能够满足会议举办期间对运送服务的需求，而且对旅游交通公司来说也是重要的细分市场。例如，北京新月联合汽车公司主要经营出租汽车客运、汽车救援、汽车修理、汽车租赁、省际旅游客运、酒店餐饮等业务，为拓展业务领域，北京新月联合汽车公司还为在北京或邻近省市召开的各类会议提供会议用车服务，如会务组工作用车、贵宾和会议代表接送用车、组织考察参观或集体用车以及提供机场接送用车服务等，可接受客户委托，去机场代接或代送客人。

（三）会议企业利用旅游资源提升自身吸引力

会议举办地特色的旅游资源可以对会议参加者形成吸引力，因此很多会议经营中在宣传促销时，通常将举办地的旅游资源捆绑在一起进行联合促销，以吸引更多的会议到该地举办。例如，国家会议中心在其宣传片中对北京旅游进行了较为详细的综述，既包括了北京的紫禁城、天坛、北海、颐和园等名胜古迹以及平民百姓的胡同生活、风味食品等，也包括了北京的交通和娱乐设施，除此之外国家会议中心还在其网页上与北京市旅游局、国家旅游局建立友情链接，以方便目标顾客查看北京旅游状况；再如，北京汤山假日会议中心也推出了"周边一日游活动"，将长城、十三陵、小汤山农业科技示范园、银山塔林、香堂文化新村、碓臼峪自然风景区、蟒山国家森林公园、航空博物馆等作为推荐景区，以此来吸引更多的与会者。

第二节　北京旅游与展览的互动发展状况

展览会举办期间，大量人流、物流、信息流汇集到举办地，为交通、通信、商旅、餐饮、景区景点等行业带来了大量客源，带动着这些相关行业的发展。发达的旅游业同时也为展览会的举办提供了酒店、餐饮等必备的配套设施，对于展览业的发展具有举足轻重的作用。因此，展览业与旅游业的互动可以充分发挥各自的优势，使两者相得益彰，齐头并进。本节将从贸易性展览和非贸易性展览两个层面，分别介绍目前展览业与旅游业的互动发展情况。

一、贸易型展览会与旅游业的互动

贸易型展览会是指以促进参展商和专业买家商业贸易为核心目的的展览会。虽然举办贸易型展览会的核心目的是促进贸易，而不是旅游观光，但是由于展览会的举办吸引了大量的外来人口，一方面会对酒店、餐饮、交通等产品和服务产生刚性需求；另一方面，那些首次来到举办地的参展商和观众也可能趁机到举办地的景区景点旅游观光，从而决定了展览业与旅游业之间具有非常紧密的联系。那么，在推动两个领域的互动发展方面，北京市已经进行了哪些方面的探索呢？以下将从政府与企业两个层面加以简单分析。

（一）政府层面

1. 政府在行业规划中明确提出了展览与旅游协同发展的要求。由于现代展览中心具备建筑规模宏大、展览设施齐全、设施功能多样化等特点，而且展览场馆往往是带动一个商业片区发展的起点，因此展览场馆在建造时一般会纳入城市规划之中，进行整体专业化的设计，很多城市将展馆建设成为具有标志性特点的建筑群，除具备开展会展活动的基本功能外，还可以为开发会展旅游提供配套服务。《北京市"十二五"时期旅游业发展规划》中指出，要结合四大会展核心功能区（新国展、国家会议中心、国展—农展馆、首都会展/大兴）的培育和建设，通过品牌展会的发展与培育等举措，大力促进旅游与展览的结合。与此同时，将首都国际会展城（大兴）、新国展二期、国际园林博览会、中华农博园（大兴）、国际汽车展、科博会、文博会、节能环保展等项目列为"十二五"时期优先鼓励的旅游项目类型之一。

2. 利用展览会平台加强旅游目的地促销。展览会具有专业性强、受众面广、影响力大、关注度高等特点，利用展览会向目标专业观众和参展商展示目的地产品和形象，已经成为世界上绝大多数国家普遍采用的目的地宣传推广方式。因而，在《北京市"十二五"时期旅游业发展规划》中，明确提出要"与相关区域互为旅游客源地和目的地，联合参加国际重要旅游展览会，共同拓展国内外旅游市场，打造区域旅游品牌和形象"。从表6-2可以看出，北京市旅游局对于参加大型国际展会较为重视，2009～2010年间共组织有关部门参加了11个旅游类展会，既有区域性和全国性展会，也有世界级的展会。通过参加大型国际展会，进一步宣传了北京国际高端旅游目的地的品牌形象。例如，在2010年北京国际旅游博览会暨北方旅游交易会上，北京市旅游局以及北京18个区县的旅游局、国旅总社、中旅总社、中青旅等32家组团行社和国家大剧院、水立方、北京天文馆等著名机构以及相关旅游服务公司等142家参展企业通过各种方式全面展示了北京旅游特色，有效地宣传了北京旅游整体形象，加速了北京市以大型国际会展为特色的高端旅游产业的发展。

表 6 - 2   2009～2010 年北京市旅游局组织参加的旅游类展览会

年份	展会名称
2009	2009 年第一届中国西部旅游产业博览会
	2009 年中国国内旅游交易会
	2009 年中国北方旅游交易会
	2009 年中国（北京）国际商务及会奖旅游展览会
	第三届中国北京国际文化创意产业博览会
2010	2010 年第十届世界旅游旅行大会
	2010 年中国国内旅游交易会
	2010 年中国（北京）国际商务及会奖旅游展览会
	第五届华中旅游博览会
	2010 年北京国际旅游博览会暨北方旅游交易会
	2010 年中国西安旅游交易会

资料来源：http：//www. bjta. gov. cn. 北京旅游信息网。

3. 政府旅游管理部门与展览企业合作办展。为了促进北京旅游行业的发展，北京市旅游局除了组织旅游业界参展之外，还与展览企业合作办展。例如，北京国际旅游博览会（BITE）就是由北京市旅游局于2004 年发起主办，由新加坡会议与展览服务有限公司和北京瑞来森会展服务有限公司承办的国际性旅游专业展会，该展会目前已经发展成为专业性强、参与面广、影响力大、收效明显的一流展会，已经成为国内外旅游业重要的交流、交易、形象展示和宣传推广平台。又如，2010 年中国（北京）国际商务及会奖旅游展览会（CIBTM）由北京市人民政府与国家旅游局联合主办、北京市旅游局和励展旅游展览集团共同承办，是目前国内唯一获得国家级政府官方支持的国际性会奖行业展览会。

（二）企业层面

从企业层面看，展览与旅游的互动一方面体现在越来越多的组展企业已经将旅游服务纳入到整个展览服务体系之中，另一方面是不少展览企业已经通过经营酒店等涉足了旅游业务。具体来说：

1. 展览企业将旅游服务纳入展览服务体系之中。这里所说的展览企业包括组织展览会的展览公司、为展会提供场地的展览场馆、为展商提供展位搭建和展品运输的相关服务商等。目前，为了满足参展企业的需求，展览企业除了提供策划筹备服务、组织接待服务、搭建运输服务、安保清洁服务等最基本的服务外，往往都会额外提供展会前后的旅游服务，使各项服务相互衔接，相互配合，形成完整的展览会服务体系。不过，由于自身能力的限制，展览企业一般不独立提供旅游服务，通常只是提供相关的旅游咨询，而具体的旅游事务则由与展览企业建立了合作关系的旅游企业来完成。例如，中国国际展览中心除了为展览会提供场馆设施外，还特地设立了旅游、饭店等单位的办工场所和配套设施，使参展商无须离开展览中心即可得到各种相关服务。中心网页开设的商旅业务涉及范围很广，包括馆内餐饮服务、周边旅游景点介绍、酒店住宿推荐、购物网点简介等，使参展商和观众在未到达之前，就可以得到详尽的商旅信息。

2. 展览企业进行酒店经营。根据我们对第六届北京旅游博览会的调研，在花费支出结构方面，国内参展商的人员餐饮费、住宿费、交通费、旅游费、娱乐费、购物费等差旅费用大约占全部参展费用支出的20%，海外参展商大约为30%；国内外专业观众消费最高的三项分别是"交通费用"、"住宿费用"和"餐饮费用"。在这些费用支出中，餐饮、住宿、娱乐这三项花费较多的服务，都可以由酒店来集中提供。因而，如果将酒店经营纳入展览企业的业务范围之内，那么因展览会而带来的相关差旅支出很大一部分便会流入到展览企业的利益链之内。所以，目前北京绝大多数展览馆都采取了与酒店"混业经营"的方式，以便尽可能地内化展览会的外部经济性。例如，位于北京全国农业展览馆内的北京农展宾馆于2008年7月重装竣工并投入使用，它在总体规划上按照星级宾馆的配置要求，专门针对会展行业特点进行了设计和配置，实现了住宿、餐饮、会议等服务功能的全面提高，吸引了越来越多的展览会参展商和外地来京观众入住。宾馆共设有普通标准间、豪华标准间、单人大床间、豪华大床间和套间5种规格80余套不同配置的房型，提供免费宽带上网服务，房间内配备可直通国际的IDD电话交换机以及待客设施等，以满足客人商务需求。餐饮服务方面，该宾馆有可同时供130人用餐的宴会厅和供零散客人用餐的中餐自助区以及适宜商用的雅间，适合参会者进行商务会谈。宾馆共设有3个会议室，提供多媒体、音响、茶水等会议服务，能够分别容纳 15 人、40 人和 120 人参加会议。农展宾馆接待大厅还专门为客人开辟了候客区、商务服务区，为入住客人提供休息、打印、复印、传真、小件寄存、火车票和飞机票的代订业务。

二、非贸易展览与旅游业的互动

非贸易展览是现代展览业的重要组成部分，这部分展览大多数以历史、文化、艺术、自然、科学等为主题，以文化传承、知识传播和公众教育为目的，主要在博物馆、艺术馆、文化馆等场馆设施里举办。越是发达的国家和地区，非贸易展览越发达。在所有这些非贸易展览中，博物馆里的展览是其中的重要组成部分，所以本节以博物馆为例，简要分析北京在推动博物馆和旅游业协同发展方面的主要举措。

由于博物馆本身具有公共服务性和观赏性，因而在世界很多国家和地区，博物馆是重要的旅游吸引物，与旅游业有着非常紧密的关联。北京历史悠久，文化底蕴丰富，同时又是中国最重要的文化中心之一，有着非常庞大的博物馆系统，因而在推进博物馆与旅游业互动发展方面具有巨大潜力。从目前情况看，北京在推动博物馆旅游方面，主要做了如下四方面的工作：

1. 政府积极探索博物馆与旅游业的合作之路。随着旅游者收入水平和需求层次的提高，越来越多的旅游者在参观传统的名胜古迹、欣赏自然风光之外，开始关注旅游城市背后蕴藏的历史文化，开始注重具有文化特色的旅游方式。因此，政府部门可以依托博物馆的文化特性与旅游功能，拓展博物馆旅游的深度内涵，不但促进博物馆的持续性发展，也为旅游行业的发展起到重大的提升和推动作用。例如，2009 年 11 月，由北京市文物局与北京市贸促会共同主办的"北京博物馆·旅游·文化创意论坛"，就是一次旨在探索博物馆、旅游与文化创意三者的结合与发展之路，推动博物馆事业与旅游业互动与共赢的专业性高端论坛。来自国内外博物馆、旅游、文化创意产业等领域的几十位专家出席论坛，就博物馆与旅游结合与创新、文化创意在博物馆与旅游业中的运用、互动数字娱乐与博物馆、博物馆特色旅游品牌的确立与定位等问题进行了深入讨论。本次论坛的召开就是希望在推动北京地区博物馆与旅游业的深度结合、提升博物馆的综合实力与旅游产业的品质等方面总结经验。

2. 重点设计与博物馆有关的旅游线路。例如，2005 年 5 月北京市旅游局推出从北京通向全国的 56 条红色旅游线路，市内板块的 10 条线路共涉及 28 个旅游景点，其中包括 14 家博物馆。2008 年北京市旅游局利用奥运会契机，按照不同景区类型组合，以"博览天下事、感受奥运风"为主题专门设计推出了 10 条百科博览旅游线路，共涉及旅游景点 30 个，其中包括 15 家博物馆。将博物馆设计到旅游线路之中，不仅突出了旅游产品的文化性，而且推动了博物馆旅游的发展，使得博物馆成为北京文化旅游的重要支撑之一。

3. 创新展览展示模式，提升展览馆的旅游吸引力。博物馆收藏了大量的文物珍宝，为了全面展示目的地的历史文化与变迁，深化文化内涵，使游客对博物馆有更加深刻的理解、丰富旅游体验，博物馆通常设有常设展览。同时，为了提高博物馆作为旅游目的地的知名度，博物馆还经常会将馆藏文物组织成相关主题参加展览会或自办展览等，借以对外宣传。例如，北京 5A 级旅游景区故宫博物院常年陈列各种展览，如宫廷收藏珍宝陈列（珍宝馆）、宫廷收藏钟表陈列（钟表馆）等。此外故宫博物院还举办各种临时特别展览，较大规模的展出有敦煌艺术展览、全国出土珍品文物展览、故宫博物院建院 60 周年展览等。同时故宫博物院还将院藏文物组成各种专题到国内各省市和国外展出，自1935 年故宫文物第一次出国参加伦敦中国艺术国际展览会以来，已到过亚、欧、美、澳四大洲 14 个国家 39 个城市展出，取得了很好的反响。作为 5A 级旅游景区的故宫博物院，通过旅游与展览的互动发展，近十年来观众人数逐年增加，平均每年接待中外观众 600～800 万人次。

4. 加强以博物馆为核心和依托的旅游景区建设。主要是以博物馆建设为基础，充分考虑到旅游需要，人为打造新的旅游景区。北京的首都博物馆就是其中的一个案例。首都博物馆新馆的展览陈列以首都博物馆历年收藏和北京地区的出土文物为基本素材，进行独具北京特色的现代化展陈。馆内共有 9 个常设展览，其中包括古都北京和京城旧事两个基本陈列和古代瓷器艺术精品展、燕地青铜艺术精品展等 7 个精品陈列。另外，博物馆还有专门的纪念品服务区、咖啡厅、餐厅、茶室等旅游设施和服务。为了方便旅行社订票，博物馆还设定了旅行社领票窗口和票务预订服务。为了做好博物馆旅游，2010 年年底首都博物馆提出首都博物馆停车场的规划建设应积极按照 5A 级景区评定标准执行，提倡"科技化管理"模式，使首都博物馆达到国内一流服务水平。

第三节 北京旅游与节庆活动的互动发展状况

节庆不仅可以为旅游业带来客源，同时由于节庆的文化属性，通过发展旅游节庆可以满足人们对于文化旅游的需求，提升旅游业的文化内涵。旅游业对于发展节庆的需要，会促进旅游目的地节庆活动的开展，进而使旅游目的地的某些文化得以传承和传播。因此，旅游与节庆之间可以形成一种互惠互利的合作关系。北京市拥有丰富的节庆资源，而且在与旅游业多方面的互动中，已经进行了卓有成效的探索。

一、政府层面

节庆作为一种综合性强、影响力大的特殊活动，近年来受到各级政府的高度关注。政府通过采取利用节庆活动加强目的地促销、组织节庆活动促进旅游发展、借助传统节庆促销旅游产品等多种措施，促进了旅游与节庆的互动发展。

（一）以节庆活动为平台进行旅游目的地形象宣传

旅游目的地因在节庆活动期间高强度、多方位、大规模的宣传而形成了巨大的轰动效应，从而能够使更多的人通过各种媒介或实地游览对旅游地留下深刻印象。为此，《北京市"十二五"时期旅游业发展规划》中提出，要"策划一批有特色、有吸引力、有影响力的大型文化旅游节庆活动，重点打造北京国际旅游节、中华美食节、中国茶文化节、中华服饰节、大学生电影节以及国际旅游节等活动"。按照这一思路，北京市近年来利用节庆进行了一系列的营销活动，宣传了北京的旅游形象，取得了良好的效果。例如，北京市旅游局通过北京国际旅游文化节、北京风情舞动世界等节庆活动对北京旅游目的地形象进行宣传。据统计，从 1998~2006 年期间，总共有来自 110 个国家的 25 000 多人参加了北京国际旅游文化节，参与国占到了建交国家的 68.7%。国内 31 个省市派出表演团参加，甚至不少地、市、县级单位也参加其中，同时国内外很多媒体都对其进行了报道，其实际口碑的广告效应可信度和成功率高达 40%，而传统的广告仅为 10%。① 由此看来，一个成功的旅游节庆活动对于扩大旅游城市和景区的知名度，促进本地旅游休闲业的发展，具有至关重要的作用。

（二）通过节庆整合旅游资源，增强旅游吸引力

北京的很多节庆活动都是依托当地的旅游资源发展起来的，这些资源既包括传统意义上的自然和人文旅游资源，也包括能成为节庆载体的物质文明和精神文明等潜在的旅游资源，如美食、特产、文化、习俗等。通过同一节庆主题整合一系列协调性良好、内容衔接、共同体现特色的旅游节庆产品，既能够增强旅游资源的吸引力，同时也利于塑造旅游节庆活动在旅游者心目中的差异化形象，从而推动旅游目的地整体形象的发展，扩大旅游节庆活动的影响半径。例如，2009 年大兴区旅游局整合全区旅游资源，举办"祥和端午，畅游大兴"特色旅游活动，推出了节庆活动游、果蔬采摘游、特色美食游、乡村民俗风情游、观光体验游、康体休闲游等旅游活动；2010 年大兴区又以"健康绿色行，欢乐满大兴"为主题，推出城乡互动和谐游、欢乐瓜乡自驾游和西瓜节趣味狂欢等系列旅游活动。

（三）以节庆拓宽市场，带动相关产业发展

一方面节庆活动在举办期间内吸引了大量区域外游客，增加了游客在北京的停留时间，从而为北京旅游业带来了直接和间接的发展机会；

---

① 北京旅游信息网，http://www.visitbeijing.com.cn，大型活动在旅游促销中有着无可替代的作用。

另一方面，节庆活动还可以对旅游地重点产业进行品牌宣传与塑造，从而促进了节庆举办地整个经济发展，强有力的经济基础又反作用于当地旅游业，并形成良性循环。北京平谷的桃花节、桃产业和桃旅游就是这种良性循环的一个缩影。平谷是中国著名的大桃之乡，22万亩桃园面积，堪称世界最大的桃园、中国最大的桃乡、首都最大的果区。北京平谷区从1999年开始设立桃花节，区政府与旅游局把桃花节当成核心品牌，让其充分发挥"依节造势、因节发展、以节兴市"的作用。目前平谷国际桃花节已经连续成功举办十一届，成为京津地区著名的春季旅游活动，实现了经济效益和社会效益的双丰收。首先，桃花节带动了平谷区旅游业的发展。据统计，2010年平谷桃花节共接待游客180余万人，其中天津游客占22%。在桃花节旅游的带动下，目前，从民俗游到一般性的度假村，再到综合性的休闲娱乐度假城，纷纷列入了平谷区的旅游规划；其次，桃花节促进了当地经济发展。桃花节树立了平谷桃的品牌形象，刺激了平谷桃农的种桃积极性。目前，平谷全区大桃面积稳定在22万亩，年产大桃2.81亿公斤，总收入5.96亿元，桃农人均增收4 000元。品牌的推广也带动了全区农业及相关行业的发展，农产品包装、储运，桃资源深入开发，观光采摘和文化旅游等行业也随之发展起来。桃木工艺品、桃休闲食品、保健品、调味品等深加工产品，已经部分投放市场，提高了桃产业的附加值。

（四）旅游局以节造"市"，进行旅游促销

节庆促销已经成为商家为提高产品销量的一项重要手段，在节庆期间推出一系列的优惠活动，能够刺激潜在的消费者，使得消费需求剧增。北京市旅游局利用中国最具影响力的春节这一商机，自2009年已经连续举办了以"北京请您来过年"为主题的旅游促销活动，通过一系列旅游优惠措施极大地刺激了北京旅游市场的发展。其中，2009年主要的优惠措施包括：（1）免费发放故宫、颐和园、天坛等主要景区门票共两万余张和"鸟巢"、"水立方"门票共一万张；（2）朝阳公园、地坛公园、龙潭湖公园、石景山游乐园等四家公园举行的庙会，免费向游客送出各五千张游园票；（3）通过旅行社等渠道，向到北京的游客发放两万本消费伴旅，持消费伴旅的游客在特定的商店购物消费时享受

折扣，并可获得免费礼品；（4）包括北京饭店、新世纪饭店、长城饭店等共 39 家饭店，在春节期间每天向游客共推出 208 间免费客房；（5）旅游局协调 85 家达标的、信誉好的社会旅馆，推出一批整洁、卫生、安全的百元房间，供游客选择；（6）近郊区县旅游局组织上百个市级民俗村推出"民俗风情过大年"、"共度除夕夜，民俗过大年"等丰富多彩的活动；（7）春节期间推出了丰富多彩的演出以及百场大戏献游客活动。这些措施，为吸引更多的游客来京过年，发挥了非常积极的作用。

（五）旅游管理部门采取措施，确保节庆活动有序进行

由于节庆活动在短时期内聚集了大量的人流，使得城市的交通、住宿、公共安全等承受了巨大压力，为了确保节庆的有序进行，需要调动各方面的力量为节庆活动服务。在各大节庆活动期间，由于旅游景区是人流较为集中的地方，为此，北京市旅游相关管理部门采取了相应的政策或措施，确保节庆活动期间的旅游安全。例如，2008 年香山红叶节期间，海淀区旅游局通过交通广播、移动短信、海淀台服务提示等方式，建议游客避开高峰、乘公交出行。同时，区旅游局向游客推介百望山、鹫峰国家森林公园的红叶和凤凰岭自然风景公园、大觉寺的千年银杏，以疏导交通。又如，2011 年平谷桃花节前，平谷区旅游局与区安监局、消防支队、体育局等相关部门联合对星级宾馆开展节前安全生产工作检查。

二、企业层面

从企业层面看，旅游与节庆活动的互动主要表现在两个方面：一是很多景区景点通过举办节庆活动丰富旅游内容，从而增加景区景点的吸引力；另一方面是旅行社抓住节庆活动举办契机，积极促进旅游产品与节庆活动的对接。

（一）景区景点通过举办节庆活动丰富旅游产品结构

通常情况下，景区景点的旅游资源是静态的，在消费者越来越偏

好动态性旅游活动的今天，它们正逐渐丧失其原有的吸引力，而节庆活动能够使景区内的历史文化以动态的方式得到再现，丰富景区景点的旅游产品类型，形成一定的旅游吸引力，从而成为旅游地发展的推动力基础。动态性的旅游节庆正是在这一形势下产生的，并迅速受到广大游客的喜爱，它的出现使得北京的旅游产品结构更加完善，使北京的旅游资源实现了动与静的完美组合，增强了北京旅游的吸引力（见表6－3）。

表6－3　　　　　　　　　　北京景区景点内的节庆活动

景区景点	节庆活动	备注
颐和园	颐和园苏州街春节宫市文化活动	19届，一年一届
	颐和园"颐和秋韵"桂花展示活动	8届，一年一届
香山公园	香山山花节	8届，一年一届
	香山红叶文化节	20届，一年一届
北京植物园	北京植物园桃花节	22届，一年一届
	北京植物园腊梅迎春展示活动	4届，一年一届
北京凤凰岭自然风景公园	凤凰岭春花庙会	一年一届
	凤凰岭杏花节	10届，一年一届
大觉寺	大觉寺玉兰花	13届，一年一届
	大觉寺西山银杏节	一年一届
戒台寺	戒台寺祈福鸣钟活动	一年一届
千灵山	千灵山国际登山健身节	2届，一年一届
云居寺	浴佛节	一年一届
慕田峪长城	慕田峪长城国际文化节	5届，一年一届

　　　　资料来源：笔者整理而得，时间截止到2010年6月。

（二）旅行社开发节庆线路，为节庆输送客源

一个成功的节庆活动能够形成极强的旅游吸引力，带动周边的旅游市场，成为一个新的旅游吸引物。旅行社通常也会积极抓住这个机遇，将其纳入产品开发当中，推出节庆线路以丰富旅游产品内容。例如，第21届北京大兴西瓜节举办期间，大兴区旅游局、大兴区农委

与中青旅国内旅游公司合作,以"城乡互动和谐游"为主题,开通了采摘旅游大巴,邀请游客畅游大兴,品尝正宗的大兴西瓜。大兴西瓜节期间,中青旅每天发出大兴采摘专线巴士,游客可以在大兴旅游"甜蜜大道"上,体验绿色大兴、时尚大兴、活力大兴、休闲大兴和美食大兴。此外,中青旅还为游客设计了"采摘西瓜+北京野生动物园欢乐一日游"和"采摘西瓜+御林古桑园采摘桑葚休闲一日游"两条精品线路。

第四节　北京旅游与体育赛事的互动发展状况

体育赛事具有较强的参与性与观赏性,因此体育活动的举办可以为旅游业带来客源,可以提高旅游设施的利用率,从而为旅游业带来收益。另一方面,由于体育赛事对举办场地有比较特殊的要求,因此,很多体育赛事都会选择在环境优美、自然旅游资源丰富的旅游目的地举办;同时,体育赛事举办期间会对旅游接待设施产生较大的需求,从而需要旅游业提供服务接待上的支撑,以保证体育赛事的正常进行。

一、政府层面

从政府层面看,北京市以及各区县政府、旅游局、体育局等机构,多年来一直非常重视旅游与体育活动的协同发展,在发展规划、部门合作、资源共享、平台互用等方面进行了大量的尝试和探索。具体表现在如下六个方面:

(一) 在体育事业规划中充分考虑到与旅游的结合

为构建体育市场体系,《北京市"十一五"时期体育发展规划》中提出:"加强北京体育服务业与文化、旅游、媒体、商业、科技等产业的合作,发挥各自优势,拓展体育服务领域,积极引导大众的综合性消费,开发具有体育特色的大文化市场"。另外,《北京市"十一五"时期体育发展规划》还指出，要"建立体育休闲产业中心区域……探索体育休闲业与文化、旅游、信息、媒体、商业及其他相关行业结合的有效途径"。同时，根据北京市全民健身实施计划（2011～2015年），北京市体育管理部门要求"创新健身活动形式，组织开展与旅游、文化、商贸相结合的群众性体育竞赛、展示活动，不断推出适合不同人群、地域、季节的体育健身新形式、新方法"。

（二）旅游与体育行政部门协作提供公共服务

近年来，北京市旅游局和北京市体育局在业务方面进行了多方面的合作，以完成上级政府部门的任务，并推动各自行业的发展。例如，《北京市2009年在直接关系群众生活方面拟办的重要实事》中，为了打造旅游安全屏障，加强重点景区安全管理，要求"开展重点景区周边非开放山区的野外应急救援辅助定位系统建设，包括设于相对制高点的太阳能灯杆导向标志等应急救援设施；推动重点旅游景区安全监控系统建设，在重点景区加强安全防护栏网、警戒忠告牌、安全提示牌、导向指引牌等标识系统建设"，该项工作由北京市旅游局作为主要责任单位，北京市体育局作为协办单位共同完成；再如，《2008年北京市重要实事和折子工程》中，要求"继续规范道路交通、文化设施、环卫设施和旅游景区、博物馆、商业场所、地铁公交、医疗卫生机构、体育场馆等重点公共场所的英语标识"，该项任务同样由北京市旅游局和北京市体育局共同完成。

（三）旅游与体育行政部门共同举办体育赛事

近年来，北京市旅游局与体育局合作举办了一系列体育赛事。不仅有大型的世界级体育赛事，如2010年北京第二届国际马球公开赛、2009年世界车王争霸赛车手杯赛，也有各区县组织的小型体育赛事，例如2007年北京第十四届"青龙湖杯"龙舟赛、2007年第六届全民健身体育节登山比赛暨昌平区直机关工委系统旅游杯登山活动等（见表6-4）。

表6-4　　　　北京市体育局和旅游局联合举办的部分体育赛事

体育赛事名称	举办单位
2010 年北京第二届国际马球公开赛	国家体育总局、北京市政府、北京市体育局、北京市旅游局等主办，北京市体育竞赛管理中心、延庆县体育局、延庆县旅游局等共同协办
2009 年世界车王争霸赛车手杯赛	国家体育总局汽车摩托车运动管理中心、中国汽车工业协会和北京市旅游局主办
2007 年北京第十四届"青龙湖杯"龙舟赛	北京市旅游局、北京市体育局、丰台区人民政府、房山区人民政府主办，丰台区旅游局、房山区旅游局、丰台体育局、房山区体育局等协办
2007 年第六届全民健身体育节登山比赛暨昌平区直机关工委系统旅游杯登山活动	昌平区精神文明办、区直机关工委、体育局、旅游局等共同主办，蟒山国家森林公园管理处协办

资料来源：根据相关资料整理。

（四）北京市旅游局利用体育赛事进行旅游营销

由于举办体育赛事尤其是国际大型体育赛事在很多情况下是国家实力的体现，因而各国政府对大型体育赛事极为重视。媒体同样会对体育赛事进行现场报道，从而提高了体育赛事的知名度，扩大了体育赛事的关注面。除此之外，由于体育赛事的竞技性以及体育明星的参赛，大众对体育赛事也会给予较大关注。政府、媒体以及公众的高度关注，使体育赛事成为了一个非常重要和有效的营销平台和渠道。近年来，北京市旅游局充分利用大型体育赛事这一平台，进行北京市旅游业的宣传推广（见表6-5）。

表6-5　　　　　旅游局借助体育赛事进行旅游推广

赛事名称	实施的促销活动
NBA	1. 整个 NBA2009～2010 年常规赛季期间，在湖人队主场的中央显示屏和湖人队的杂志上都有北京旅游的宣传促销广告； 2. NBA 比赛当天，当地知名华人媒体派记者对北京旅游进行了现场采访，比赛通过卫星直播； 3. 北京市旅游局在洛杉矶湖人队与丹佛掘金队比赛现场颁发旅游大奖，且著名球星加索尔现场助阵。

赛事名称	实施的促销活动
西班牙足球甲级联赛	利用赛场媒体资源和当地电视、报纸、杂志、网络等赛事关联渠道，推介北京旅游资源和旅行社产品。
上海 F1 赛事	举行"北京请您来旅游"活动，以主题展区形式开展了北京旅游宣传，北京市旅游局在北京旅游主题展区召开了媒体沟通会，多家媒体进行了报道。
2008 年北京奥运会	1. 北京市旅游局带领表演团体赴澳大利亚举办"北京风情舞动悉尼"促销活动； 2. 在 CNN、BBC 等欧美主流电视媒体播放系列奥运旅游宣传片。

资料来源：笔者根据相关资料整理。

（五）旅游部门为体育赛事提供接待和旅游支持

体育赛事举办期间，大量的人流涌入举办地，不仅为举办地接待工作带来很大压力，也会存在一些安全隐患，需要旅游管理部门采取相应措施，以保证体育赛事期间举办地旅游市场的有序进行。例如，为满足奥运会期间北京市接待需求，旅游局采取了以下四方面的措施：（1）增加北京市旅游咨询服务中心，提供奥运赛事信息；（2）提高旅游服务能力。2007 年在北京市 60 多个主要旅游景区内更换多语种标示牌，标示牌有中、英、日、韩、法等 4~5 种语言来标识，同时进行景区内无障碍设施建设，为奥运会之后的残奥会做准备；（3）增强住宿接待能力。为满足 2008 年奥运住宿接待的要求，2008 年之前北京市扩建和改建了多家饭店；（4）丰富奥运期间的一日游旅游市场。北京市旅游局协调相关部门，允许更多旅行社全面介入一日游市场的经营，并为旅行社介入一日游市场在旅游车辆和旅游路线方面提供必要的条件。

（六）结合优势旅游资源，举办多种体育赛事

在著名的旅游景区举办体育赛事，不仅可以利用旅游景区的知名度提高体育赛事的关注度，同时旅游景区还可以利用体育赛事的高关注度提高旅游目的地形象，借助体育赛事开发体育、休闲、健身旅游等新兴旅游市场。例如，十三陵水库旅游景区有环绕于青翠群山中的高标准自行车赛道和徜徉于蜿蜒山脉间的绿色水源，具备举办铁人三项比赛得天

独厚的地理优势。北京市昌平区政府抓住机会，相继承办了三届铁人三项世界杯赛，而且赛事级别逐步提升。2008 年成功举办了北京奥运会铁人三项比赛，2009 年又成功举办了国际铁人三项洲际杯赛，2011 年北京铁人三项世界锦标赛总决赛也在这里举行。再如，北京国际马球公开赛选在延庆举办，不仅因为那里有着北京市最美的地貌特征——青山环绕、湿地湖泊、空气清新，植被茂密、气候怡人，被誉为"北京美丽的后花园"，且拥有八达岭、龙庆峡等旅游资源。2010 年中国汽车直线公开赛（北京）分站在延庆，也因延庆拥有八达岭、龙庆峡、古崖居、百里山水画廊等 30 多个景区景点，既是中国优秀旅游名县、中国县域旅游品牌十强县，也是中国自驾车旅游品牌十大目的地。另外，2007年"好运北京"公路自行车测试赛、2008 年的北京奥运公路自行车赛以及八达岭长城杯首届北京国际自行车骑游大会都选择在延庆县举行。通过这些体育赛事的举办，大大提高了这些区县的知名度，为其开展休闲健身旅游提供了条件。

二、企业层面

旅游与体育活动的结合，一方面表现为旅行社等传统旅游企业会充分利用体育赛事契机，开发集票务代理、旅游观光与休闲娱乐为一体的体育旅游产品，酒店也会通过赛事直播等活动吸引更多客源；另一方面表现为很多体育赛事管理机构为了获取更多的商业利益，可能利用其赛事平台优势，开发体育旅游产品。除此之外，为了更好地开发体育场馆的商业价值，在场馆的外观设计、功能配套等方面，都要充分考虑游客观光的需求。

（一）旅游企业经营体育赛事旅游

对于旅行社而言，大型体育赛事可以为旅行社带来大量的客源，旅行社会推出相关的赛事旅游线路以及增加与体育赛事相关的业务，如预订酒店、门票、交通票等。例如，作为 2010 年南非世界杯国际足联指定中国区票务及综合服务接待机构，北京金冠恒盛国际旅行社有限责任公司、中旅体育旅行社、神州国际旅行社等在南非世界杯期间，不但为游客提供门票代理业务，并且推出了南非世界杯旅游线路如 FIFA 世界杯开幕式、FIFA 世界杯 1/4 决赛八日游、世界杯 1/2 决赛八日游、世界杯 1/8 决赛八日游、世界杯小组赛八日游等。

除此之外，酒店为了提高入住率也会推出一些和体育赛事相关的服务来吸引顾客。例如，"去哪儿网"相关数据显示，2010 年南非世界杯开幕以后，北京、上海、广州等城市酒店预订量直线上升。其中以四星级酒店最受欢迎，预订量增长达到 30%。原因是大部分四星级酒店硬件配置较完善，特别是电视大多已更新换代为液晶电视，房间也更为宽敞，能够为球迷朋友们提供舒适的观赛环境。在 2010 年南非世界杯足球赛期间，北京上东盛贸饭店全程直播 64 场足球赛事，让顾客在观看火热赛事的同时，品味地道国际美食、畅饮啤酒，并以此来增加饭店的客源。

（二）体育企业涉足旅游业务，成立专业体育旅行社

很多体育竞技活动的管理企业为了更好地开拓市场，利用强大的体育竞赛管理平台，不断将业务引申到旅游领域，实现"体育和旅游"强强联手，开拓具有独特优势的体育旅游。例如，1986 年成立的中国国际体育旅游公司是国家体育总局的直属企业，主要从事国际性体育探险及体育旅游活动。另外，公司还拥有北京高尔夫球俱乐部、朝阳广济堂高尔夫球俱乐部、北京中体国际体育旅游发展公司、中国国际体育旅游公司咨询公司等分支机构。又如，2003 年国家体育总局所属中体竞赛管理集团和中国旅行社总社合作投资组建了中旅体育旅行社有限公司。中旅体育旅行社不但开展各种境内外具有体育特色的休闲、度假、探险旅游，同时与各业务部门合作，组织策划体育赛事，组织大型国际赛事助威团，实施与体育赛事活动相关的接待服务工作、代理体育赛事票务等。

（三）赛事场馆建设充分考虑游客需求

体育赛事举办期间，赛事举办场馆会吸引大量观赛者，从而车辆的停放成为建设赛事场馆时需要重点考虑的因素。为此，赛事场馆应该考虑建设大型车辆停车场以满足旅游团队的需要。赛事结束之后，很多赛事场馆可能成为旅游吸引物，吸引大批游客参观，因而赛事场馆在经营

过程中应提供旅游服务和设施以方便游客参观。例如，在 2008 年北京奥运会期间，奥林匹克公园中心区共设有 5 处地上停车场，可为游客提供 2 000 余个车位。奥运结束之后，由于原来的停车场大部分为临时停车设施，奥林匹克公园中心建设了地下停车场，可容纳 1 000 多辆车同时停靠。另外，北京奥林匹克公园中心区内，还设立了医疗服务站、旅游咨询中心，在外围停车场等地增设了卫生间，保留了部分残奥会的景观标志，恢复了公园内奥运会的景观标志和普通的城市标志，增加了观众休息座椅等，以方便游客参观。同时，鸟巢、水立方内部也设有专门的旅游服务设施，例如餐饮区、旅游观光区、娱乐区、旅游纪念品购物区等。

第五节　北京旅游与演出活动的互动发展状况

演出活动与节庆、体育赛事等会展活动一样，具有较强的观赏性和文化特性。演出活动举办期间不仅可以在短时间内吸引大量游客，从而提高举办地旅游接待设施的利用率，同时还可以提升当地旅游业的文化内涵，增强旅游业的竞争力，促进旅游业的发展；另一方面，旅游业除了能够为演出活动的顺利开展提供餐饮、住宿、交通等保障服务外，还可以利用自身的客源优势，为演出活动提供客源。为了促进演出业和旅游业之间的互动发展，近年来北京市同样从政府和企业两个层面，进行了非常有价值的尝试和探索。

一、政府层面

从政府层面看，北京市在旅游与演出活动的互动中，一方面表现为在旅游和文化事业的规划中，都提出了二者融合发展的要求；另一方面，在具体的实践中，旅游局对演出活动非常支持，不仅在食宿、安保等方面提供相应的配合，而且还和文化局一道，共同开发相关的演出项目。除此之外，由于高端演出活动通常具有很大的受众面，因而也成为旅游局进行旅游促销的良好平台。

（一）旅游业与文化事业在规划中相互融合

一方面，《北京市"十二五"时期旅游业发展规划》中指出，要"积极策划组织大型文化旅游演艺和节庆活动。鼓励推出具有民族特点、北京特色、质量上乘的原创文化旅游演出剧目。扶持若干品牌实景演艺剧目、大型歌舞剧目、传统特色演艺剧目和京味文化演出剧目，争取有广泛知名度和影响力的文艺演出品牌落地北京。恢复和提升中和戏院、广和剧场、吉祥戏院和西单剧场等老字号演出场所功能，构建以天桥为中心的北京传统特色演艺区。对改造剧场和初期入场演出的企业、团体，给予政策支持。鼓励和引导集演出、娱乐、影视、餐饮、住宿、时尚消费等多种业态为一体的文化演艺集聚区的建设和发展。努力将北京建设成为旅游演出目的地城市和全国旅游文化演出制作中心、经纪中心和旅游文化演出场所经营中心"；另一方面，《北京市"十二五"时期"人文北京"建设工作规划》中指出："要努力整合资源，促进文艺产品的创作、生产、演出、中介与艺术品、动漫、旅游、传媒等相关资源的整合，构建新型演艺业产业链"。

（二）旅游局与文化局合作开发旅游演出项目

旅游演出虽然属于文化产业范畴，但又具有很强的旅游产业特点，因此在很多情况下，需要旅游局与文化局通力合作，共同打造。例如，前门建国饭店的梨园剧场就是北京市旅游局和文化局成功合作的一个典型案例。梨园剧场本来是前门建国饭店内一处因闲置多年并被改为仓库的礼堂，旅游局与文化局共同商议决定，把这个礼堂改建成高档的剧场，专演京剧，而且一年365天不间断，并取了"梨园"这一颇具京剧特色的名字。梨园剧场于1990年10月开业，以戏曲演出为主。如今，北京虽然新增加了不少旅游演出场所，但是梨园在知名度、剧场规模、档次、演出质量、信誉度上都占有很大优势，仍然在北京的旅游演出市场中占据重要地位。

（三）旅游局借助演出进行旅游促销

由于大型演出具有较庞大的现场和场外的观众群体，加之媒体的关注和报道，使得大型演出通常具有极高的关注度和大面积的受众群体，从而为旅游宣传提供了很好的平台。近年来北京旅游局充分利用这一平台，进行了大量的旅游促销活动。例如，2009 年国庆期间，北京市旅游局借助中央电视台著名品牌栏目《同一首歌》赴美国旧金山演出之际，大力进行旅游促销，取得了比较理想的宣传效果。北京市旅游局通过在旧金山牛宫体育馆现场内外张贴中英文的"北京欢迎您"歌迷牌、张贴北京市旅游局的 LOGO 等旅游形象标志、向观众发放有关北京旅游的宣传资料、为此次演出提供"旧金山——北京双人 6 天免费旅游"大奖等形式，大大提升了北京在海外游客中的目的地形象。由于本次演出是央视国庆 60 周年期间唯一一场在海外举办的大型文艺节目，且利用国庆期间的黄金时段在中央电视台一套综合频道、三套综艺频道、四套国际中文频道播出，从而可以使全球数百万人了解北京，起到了很好的促销效果。

（四）旅游局采取多项措施对演出活动提供支持

演出活动与节庆、体育赛事等会展活动一样，举办期间会带来大量的人流，在为当地旅游业带来客源和收益的同时，同样可能会带来安全隐患。为此，旅游局在做好餐饮、住宿、旅游观光等基础接待工作的同时，还需要与相关部门配合，采取一系列措施以保证演出活动正常有序的进行。例如，"2011 年中国乐谷·北京国际流行音乐季"演出前，平谷区旅游局与区安监局、消防支队、体育局等相关部门一起，联合对演出场地——青龙山景区开展安全工作检查。现场对青龙山景区的渔阳滑雪场周边环境和安全保卫的准备工作进行了全面检查，并对发现的问题进行了整改，以确保演出举办期间的安全。

二、企业层面

（一）演出场馆的建设和运营需要考虑游客需求

很多演出场馆虽然更多的是针对市民而不是针对游客而建设，但是由于大多数高端演出场馆同时也是城市标志性的旅游吸引物，因而也会引来不少游客参观。除此之外，很多音乐爱好者在旅游过程中不仅欣赏演出场馆的外观，而且还要到演出场馆亲身体验。所以，演出场馆的建设和运营需要充分考虑到游客的需求。例如，国家大剧院是公益性事业单位，其中的演出并不专门针对游客，但是由于其优越的地理位置、独特的壳体造型、高水准的演出、较高的知名度等，每天都会吸引众多游客参观。旅游者不仅可以参观国家大剧院外景，并且歌剧院、戏剧场、音乐厅、水下长廊、展厅、橄榄厅、艺术资料中心、新闻发布厅、花瓣厅、艺术精品长廊等都对旅游者开放；同时国家大剧院还配有餐饮设施和和专供旅游者购买纪念品的商店和销售顶级高雅音乐唱片的购物场所。国家大剧院在建设过程中，已经充分考虑到游客停车的问题，建有两层地下车库，可供一千多辆车停靠。

（二）许多演艺场所专门针对中外游客创作旅游演出

面对旅游市场的巨大需求，许多演出场所专门针对中外游客推出了专项演出，并和旅行社通过签订相关协议形成业务联系，旅行社向演出场馆提供客源，演出场馆依据协议给予旅行社在演出门票上一定的优惠，从而形成互惠互利的关系。例如，北京湖广会馆大戏楼就是一个主要以游客为目标市场的演出场所，该场所主要演出以京剧为主的中国传统戏曲，为方便国内外观众欣赏，戏楼继提供中、英文字幕后，又推出了英、日文同声翻译等服务，并配备有餐饮和购物等相关设施。又如，北京之夜文化城同样是一家致力于丰富和活跃首都旅游文化市场的场所，主要面向海内外旅游者，弘扬传统中华文化，其经典剧目《龙舞京城》汲取北京城的历史脉络与首都文化元素，展现了北京古老与现代交融的无穷魅力，在北京的旅游演出市场已经具有了一定的品牌影响力。目前，北京之夜文化城已发展成集观演、就餐于一体的大型组合式晚宴艺术剧场。

（三）演出活动渗透到旅游产业的多个环节

由于演出是一种具有极佳娱乐效果的会展活动，能够得到不同层次游客的欢迎，因而旅游业的不同环节都与演出活动形成了比较紧密的合作关系。主要表现为：

1. 演出场所和旅游景点融为一体。这些演出场所一般都和旅游景点关系紧密，或者是旅游景区的一部分，以丰富旅游景区的内容，增强吸引力；或者由于独特的文化以及经营模式而成为了一个独立的旅游景点。例如恭王府中的大戏楼就是旅游景区的一部分；而老舍茶馆本身就是3A级旅游景区。他们有一个重要的共同点就是演出内容与旅游景点相互融合，成为一个整体，体现着同一个主题。其中，旅游景点通过景点建筑、景物等物质实体体现这个主题，而旅游演出则通过说唱、表演等艺术形式让旅游者亲身体验着主题。如恭王府和恭王府大戏楼内的演出都体现着王府文化，老舍茶馆和其中的演出则突出京味茶文化。

2. 酒店经营演出业务。由于酒店本身就是异地客源的集聚地，不仅具备良好的住宿接待设施和服务，而且能够为住店客人提供演出、餐饮、娱乐等一站式服务，在介入演出业方面具有天然优势。例如，前门建国饭店的梨园剧场不仅有四星级的高档接待设施，还可以品盖碗儿茶，听原汁原味儿的京戏，感受惬意的"老北京"生活，同时还可以观看演员化妆、与演员合影留念、亲身尝试穿戏装、勾脸谱等，演出活动给客人带来了全方位的新奇感受。

3. 旅行社代理预订演出门票。代理预订演出门票是旅行社和演出场所利益共享的一种重要合作方式。一方面，旅行社由于具有客源优势，能够以一定的折扣为旅客购买到演出门票，并从中获取一定的差价收益；另一方面，演出场所为了招徕观众，也愿意和旅行社签订相关协议，委托其代理预定演出门票。例如，北京首都旅行社就设有专门的演出门票预订业务，涉及各种类型的演出。另外，一些在线旅游服务商同样通过代理演出门票预定业务，扩大自己的业务范围。

4. 旅行社经营文化演出。随着文化旅游的兴起，旅行社开始关注文化旅游市场，以满足旅游者对回归传统文化的需求。这类旅行社在经营常规旅游业务的同时，利用其自身优势经营文化演出。例如，中国文化国际旅行社成立于1988年，具有文化部批准的A类演出经营资格。文化国旅创建之初，即在国内旅游界首倡"文化旅游"的全新理念。其不但经营常规旅游业务，例如招徕和接待境外旅游团体和个人来华旅游观光，组织和接待国内各地旅游团体并提供综合旅游服务；而且还可以按照顾客需求，提供与旅游和文化艺术交流业务相关的服务，组织举办国内各类文艺演出和展览活动。另外，为了进一步做大文化旅游市场，中国文化国际旅行社还与中国对外演出公司、中国展览交流中心等结成战略性运营共同体，共同开发国内外文化旅游资源。

5. 娱乐场所经营演出活动。在娱乐场所经营演出活动，一方面可以活跃现场气氛，营造娱乐欢快的氛围，丰富现场的活动内容；另一方面，可以借助演出活动带来的客源，缓解因季节原因给娱乐场所带来的淡旺季问题。例如，北京市欢乐谷推出了迎宾表演、极限运动和金面王朝等表演项目，其中以金面王朝影响最大，是深圳华侨城集团通过开拓景区的演艺市场解决旅游市场淡旺季困境的成功案例，这个演出对促进北京欢乐谷的淡季需求发挥了重要作用。

（四）旅行社以演出为主题设计旅游线路

旅行社以演出为主题设计旅游线路，通常包含两种形式：一是演出体验游。例如，一些旅行社推出的北京京剧文化一日游，旅游者不仅可以走进演员的真实排练生活，观看世界顶级京剧团体的演出，同时还可以走进后台，与世界顶级的艺术家面对面交流，向艺术家学习勾脸、京剧把式、唱念做打之功等等，让旅游者真正体验京剧文化。二是演出场馆游。这些演出场所或者具有北京的传统文化特色，如老舍茶馆；或者是在全国具有较高的知名度，能够吸引很多旅游者慕名参观，如国家大剧院。同时，这些景点与北京传统旅游景点距离较近，具有地理位置上的优势。例如，国家大剧院位于天安门广场旁边，旅行社在设计旅游行程时会将其包含在内；老舍茶馆位于前门西大街，与前门大街大栅栏、和平门琉璃厂仅几步之遥，且与大栅栏、琉璃厂所体现的京味文化相一致，旅行社在推出品京味文化的线路时，同样会将其包含在内。

第六节　北京旅游与会展互动发展中的问题

通过以上分析，可以看出会展活动的各个部分与旅游业通过不同的方式，在政府与企业两个层面存在不同程度的互动。但不可回避的是，目前北京市旅游业与会展业互动中仍有许多需要进一步改善的地方，存

在一些亟须解决的问题。主要表现在如下几个方面:

一、政府层面

目前,北京市旅游业与会展业在政府层面的互动,既有政策上的相互支持也有层面的合作。但总的说来,仍存在以下问题:

(一)北京市没有出台正式的推动旅游业与会展业互动的系统性政策

近年来,北京市政府以及相关管理部门出台了一系列政策,支持两者的互利发展。例如,北京市政府出台的《北京市"十一五"时期旅游业与会展业发展规划》中,多次提出旅游业要利用会议、展览会、节庆、大型演出进行旅游营销和发展高端商务旅游市场,通过多种方式加强与会展业的融合等。又如,北京旅游局出台了《2009年北京海外旅游市场开发奖励办法》,决定设立1 000万奖励资金,鼓励企业拓展国外高端会奖旅游市场,并在其中明确提出对申办大型国际会议的奖励政策。再如,《北京市"十一五"时期体育发展规划》指出:"建立体育休闲产业中心区域……探索体育休闲业与文化、旅游、信息、媒体、商业及其他相关行业结合的有效途径"。

总的来说,这些政策有三个特点:一是这些政策只是从单方面来阐述。例如,北京市旅游发展委员会从促进旅游发展的角度来制定利用会展业促进旅游业发展的政策;会展业相关管理部门则从会展活动的角度来制定相关的措施。二是这些政策多是概括性的语言,缺乏细节性的描述。通过这些概括性的语言,我们可以看到政府已经意识到旅游业与会展业之间互动的必要性和重要性,并给予了一定的重视,但是我们很难找到相关部门在促进两者之间互动中的实质性措施。这意味着在这些概括性政策下,缺乏措施性政策的支撑,从而导致这些宏观政策很难能够落到实处。三是旅游管理部门出台的相关政策居多,会展管理部门则相对较少。从课题组的调研来看,旅游业出台了一系列的利用会展业促进旅游业发展的政策,而很少看到会展业相关管理部门针对旅游业和会展业的结合提出相关的政策建议。根据我们的分析,一方面可能是因为会展业对于旅游业具有正面的外部性，旅游业为了充分利用会展业的外部性，从而会制定相关政策；另一方面，北京市旅游业有专门的旅游管理部门——北京市旅游发展委员会，而会展业的行业管理并不完善，不少会展活动没有专门的管理部门。由于行业管理部门的大多数只是单方面思维，缺乏具有执行力的政策，加之行业管理的不完善，从而导致北京市在推动旅游与会展互动发展方面，缺乏可操作性的政策措施。

（二）政府部门互动缺乏长久机制

目前，北京市旅游业和会展业政府管理部门之间存在多方面的互动。一是业务上的合作。例如，北京市旅游发展委员会和北京市文物局共同推出博物馆旅游、北京市旅游发展委员会和北京市体育局共同完成北京市重点折子工程、北京市旅游发展委员会和北京市文化局共同商讨旅游演出管理工作等；二是共同举办会展活动。例如，北京市旅游发展委员会与北京市体育局、北京市文化局共同举办大型国际体育赛事和大型演出活动；三是互相利用，促进自身发展。例如，北京市旅游发展委员会利用会议、展览会、节庆、演出、赛事进行旅游业的推介和宣传营销，促进旅游业发展，会展业以旅游为题材举办会议和展览、选择旅游资源丰富的区域举办节庆活动和体育赛事等。但是，我们不难看出，北京市旅游业和会展业相关管理部门只是以项目的形式进行合作，具有暂时性，项目结束之后，合作随之结束，并没有继续深入下去，相关管理部门没有建立长久的、可持续的合作机制。

（三）政府部门之间的互动不够全面

如前所述，北京市旅游业与会展业相关管理部门之间尽管进行了多方面的合作，但是总体来看，两者之间的互动还不够全面。具体说，会议业方面，由于会议业缺乏专门的政府管理部门，会议业和旅游业的合作仅是旅游管理部门单方面的决定，会议业管理部门并没有参与；展览业方面，由于展览业务本身和旅游业关联较小，因此展览管理部门很少参与展览业和旅游业的互动，然而由于展览业会给旅游业带来客源，以及展览会是旅游管理部门进行旅游推介的理想平台，因此旅游管理部门参与展览业和旅游业互动更为积极；同样，在节庆、赛事上

第七章　研究总结与机制设计

第一节　研究总结与启示

　　本书以理论归纳与案例分析相结合的方法，以上海、成都、香港、奥兰多、维也纳、慕尼黑和新加坡为案例，主要从政府和企业两个层面探讨了旅游与会展互动的理论根据与实践的可行性，同时应用类比分析的方法，指出国内外在旅游与会展互动方面的差异，并结合北京实际，提出了有针对性的改进建议。最后本书通过分析北京会议、展览、节庆、体育赛事、演出等行业与旅游业的互动现状，针对北京市旅游与会展互动发展中存在的问题，从宏观和微观两个层面，为北京旅游与会展的融合发展设计了一套较为系统的互动机制。

一、主要结论

　　通过前面的分析可以看出，无论从理论方面看还是从实践案例看，旅游与会展都有着非常紧密的业务联系，两者互动发展对提升双方的竞争力具有重要价值。本书通过文献评析、理论论证、对比研究、现状分析等多个层面，从旅游与会展的产业关系、国内外城市的互动实践、北京市在推动旅游与会展互动发展中的探索等方面，详细分析了旅游与会展的关系、国内外城市的发展经验、北京的实践探索及存在的问题，得出了一系列比较重要的结论。

（一）我国对旅游与会展互动关系的研究发展迅速

虽然我国早在 20 世纪 80 年代旅游业就已经起步，但是会展业的起步却相对较晚，从 2000 年以后中国会展业才真正步入按照产业化思路进行发展的轨道。与此相对应，我国关于旅游与会展互动关系的研究同样相对落后，95% 以上的研究文献发表于 2000 年以后。这些文献主要从政府、行业协会和企业等层面肯定了旅游与会展互动发展的重要性，并提出了三者之间的相互关系及其在互动过程中的角色定位和职能。但国内学者对旅游业与会展业互动模式的研究多停留于理论层面，缺乏实证，而国外多以案例为背景探讨旅游与会展互动中的问题及对策建议。

（二）旅游与会展互动发展在理论上存在合理性

首先，从产业链理论和产业集群理论来看，旅游与会展在产业链的众多层面相互交错，能够发挥产业协同效应，且容易形成产业集群。因此，旅游与会展产业链中的成员需要从产业链的整体出发，进行全面优化与整合，消除行业和企业壁垒，实现良性互动。其次，从外部经济理论来看，会展业的外部经济性能够给旅游业带来直接的商业机会，但有些公益性较强的会展活动如果缺乏外部资金支持，通常难以举办，因此可通过签订合约、内部化和政府利用旅游税收补贴会展活动等措施实现旅游业与会展业的良性互动。最后，从博弈论角度来看，会展企业和旅游企业如果采取不合作的策略，则会使双方的利益受损，只有双方采取合作策略，进行互动发展，最终才有可能得到帕累托改进，从而使旅游与会展实现双赢。

（三）政府在促进旅游与会展互动中进行了很多尝试

北京市政府已从政策、规划、人才、资金等方面为促进旅游与会展互动发展采取了许多有效措施，但是由于行业多头管理、缺乏统一管理体制等原因，致使旅游与会展的互动深度和广度依旧不足。各区县政府为促进旅游与会展的互动，在将旅游与会展统一规划、会展场馆建设增添旅游因素、利用节庆宣传旅游、完善基础设施等方面已经做出了很大努力，但是由于不同类型的会展活动，仍然按照传统的管理体制进行管理，其审批和管理权分散到旅游、文化、体育、文物等众多部门，没有一个权威部门进行协调和沟通，致使旅游与会展在互动发展过程中产生了许多体制方面的障碍。

（四）旅游与会展在企业层面的合作主要是交叉经营

目前北京旅游与会展在企业层面的互动，主要表现为因利益导向或为提升自身服务将对方业务内部化，旅游与会展企业之间的合作经营相对较少。从会展企业来看，会展公司在举办会展活动时，一方面能够借助当地的旅游景点和服务设施来提高会展活动的吸引力；另一方面，会议中心和展览场馆等物业管理机构能够通过兼营酒店等方式将部分旅游功能内部化，但在会展旅游产品的开发上很少与旅游部门合作。从旅游企业来看，一部分旅游企业已经主动地开发会展业务，但大部分旅游企业仍然停留在滞后接待和被动收益的状态，对会展旅游产品的重视程度和开发力度不够，缺乏专门针对会展客人的旅游产品和服务。

（五）行业协会在推动旅游与会展互动中功能弱化

通过前文分析发现，行业协会在推动旅游业与会展业互动发展方面功能缺失，主要是因为会展及旅游方面的协会纷繁杂乱，缺乏一个统一的旅游和会展行业组织，且各行业协会仅代表本行业会员的利益，协会职能主要体现在规范本行业行为、促进会员的商业利益、组织调研并发布本行业信息等方面，跨行业间的互动不足。

二、启示与建议

通过上述这些研究结论我们可以看出，北京市要真正推动旅游与会展的互动发展，需要从以下方面采取相应对策：

（一）重点打造会展旅游产业链的节点企业

产业链理论表明，产业链的节点企业在会展旅游产业链中起着承上启下的作用，作为会展旅游得以开展的中介，需要集中配置会展旅游相关资源。旅游与会展产业链的重要节点主要包括处于核心地位的大型旅行社和目的地管理公司，特别是一些拥有大型会展场馆的企业。因此，发展会展旅游产业，首先需培育一批实力强劲的旅行社和目的地管理公司。这一过程既可以通过大企业对小企业的收购与兼并来实现，也可以是小企业之间的联合。

（二）促进旅游与会展业务的集团化发展

旅游业与会展业的高度产业关联性，为旅游与会展产业的集团化发展创造了基本条件，集团企业的成本优势、市场优势、创新优势、扩张优势等能够通过旅游与会展的良性互动发挥出来。因而，组建大型会展旅游集团适应了市场经济和社会化大生产的需要，对于促进旅游业与会展业改革和加快其互动发展非常必要。从目前的情况来看，应当鼓励有实力的会展公司或旅游企业以股份合作、品牌联合、业务代理等形式，与境内外的一些知名会展品牌和旅游品牌开展合作，实现优势互补，建立具有国际竞争力的会展旅游集团。各级政府应摒弃地方利益保护，鼓励企业在竞争中实现跨地区跨部门的战略重组，强化企业的协同作用，促使会展旅游产业连带效应得到更大的释放，实现旅游与会展的双赢。

（三）建立专门机构推动旅游与会展的互动发展

目前北京的旅游业主要由北京市旅游发展委员会负责，但是会展业的管理职能分散于商务局、贸促会、体育局、文化局、文物局等多种机构，因而对于会展活动的协调与管理非常困难。为了加强旅游与会展的互动，我们认为政府应该设立专门的机构，一是加强旅游与会展目的地的促销；二是对重大会展活动加以促进。从国外的经验看，这一机构要么是由旅游与会展业务合并起来的会议旅游局，要么是在旅游局下设的会议展览部。从北京的实际情况出发，我们认为设置定位明确、分工合理的"双机构管理"模式，可能与现行管理体制更加吻合。这种"双机构管理"模式是指：（1）在北京旅游发展委员会下设专门的会奖展览处，主要负责旅游与会展目的地的联合促销；（2）在市政府办公厅下设大型活动促进委员会，主要负责对大型活动的审批、评估和资助，同时负责协调大型活动期间的公共服务。

（四）促进旅游与会展的合作经营，实现市场主体的有效对接

企业是市场的主体，旅游与会展的互动发展最终要体现在旅游企业与会展企业之间的业务融合。为此，一方面要积极推动旅游企业开拓会展业务，具体包括有针对性地开发适应于会议和展览游客的产品和服务，积极与会议及展览会的组织者进行业务对接，从会议和展览会的组织者手中获取客户资源，在旅游景区开发演出性质的会展活动，以增加景区景点的吸引力等；另一方面，会展企业的业务同样需要向旅游方面延伸，如会展中心同时兼营酒店，对游客开放参观，展览会组织者与酒店签订合作协议等。只有通过这些措施实现市场主体的有效对接，旅游与会展的互动发展才能够最终落到实处。

（五）加快旅游与会展复合型人才的培养

旅游与会展产业的互动发展，首先需要培养一批既懂得旅游业务又熟悉会展业务的复合型人才。只有旅游和会展的从业人员从根本上认识到二者互动可能产生的叠加价值，他们才有可能采取行动推动二者的互动发展；只有他们懂得了推动旅游与会展互动发展的各种方式和方法，在推动二者互动发展的过程中才能更有效率。为此，一方面高等院校应当在旅游专业中加入会展知识和业务，与此同时，在会展专业中增加旅游业务与知识，从而使学生在毕业时就懂得旅游与会展互动的原理及方法；另一方面，各种旅游行业协会和会展行业协会应该加强协作，在开展本行业教育培训的过程中，增加对方板块知识和技能的培训。

第二节　北京旅游与会展互动机制设计

从理论上讲，互动机制是指在具有相互联系的甲乙两个事物之间建立的一种特殊的制度安排，在这种制度安排下，甲乙双方中任何一方的单独行动，都会自然而然地给对方带来影响。对北京市旅游与会展进行互动机制设计，根本目的是为北京旅游业与会展业的发展设计一系列制度安排，使得二者之间的关联更加紧密，真正做到客户共享、优势互补、共同发展。

一、互动机制设计的原则

为确保机制设计的科学性和在实践中的可操作性，本课题在互动机制设计中主要遵循了以下四个原则：

（一）正确的理论做指导

北京市旅游与会展互动机制的设计，首先需要有正确的理论做指导。只有这样，才能够确保设计出的机制逻辑严谨，符合旅游与会展的发展规律。

（二）具有可操作性

进行机制设计的目的首先在于应用，那些不能付诸实践的机制，无论在理论上多么前瞻，在逻辑上多么严谨，最终只会是一纸空话。所以，我们在进行机制设计的时候，始终把机制的可操作性放在重要的考虑因素之中。

（三）符合国际惯例

在发达国家和地区，旅游与会展的互动发展已经不是新鲜事物，他们已经积累了很多成功的经验。因而，我们在进行机制设计时，需要充分借鉴发达国家和地区的这些经验，尽最大努力使设计出的机制符合国际惯例，跟国际接轨。

（四）考虑中国特色

中国在政府管理体制、会展项目运作方式、旅游及会展的政策法规等很多方面，与国外相比存在很大差异。这些差异既有合理的一面，也有不合理的一面，但不管怎样，我们在进行互动机制设计时，要充分考虑到这些差异的影响，尽量使设计出的机制符合中国特色。只有这样，才能够提高机制的可行性。

二、北京市旅游与会展互动机制构想

为促进北京市旅游与会展的互动发展，我们认为可以采取强制性、引导性和倡导性三种制度安排，构建多元化的推进体系。

（一）强制性制度安排

强制性制度安排是指组织或者个人无权按照自己的理解和偏好进行选择的制度安排，这些制度安排通常通过法律法规、行政命令和行业标准等途径来落实。在促进旅游与会展互动发展的强制性制度安排方面，我们认为应该重点做好如下三点：

1. 税收机制。鉴于旅游业是会展活动的直接受益者，能够获取会展活动带来的大部分经济外溢价值，因而从旅游企业的税收中提取一定比例的资金，用于促进会展活动的发展，这是会展业发达的国家和地区比较通行的互动机制。由于税收是国家强制性的制度，当事人在合法税收的范围内，没有讨价还价的权利，因而这项机制属于法律法规范畴的强制性制度安排。

这种机制的运行方法是：（1）政府从对酒店、景区和旅行社的税收中，提取一定比例的资金，建立会展业促进基金；（2）政府委托相关机构利用这笔基金从两个方面促进会展业的发展：一是加强旅游与会展目的地的联合促销；二是对政府重点扶持的会展活动提供资金支持。

这种机制的互动原理是：政府利用会展业促进基金，不管是进行旅游与会展目的地促销，还是对重大活动提供资助，都会促进会展业的发展；而会展业的发展反过来又会给酒店、景区、旅行社等旅游企业带来更多客源，在帮助这些企业获取更多收益的同时，政府能够从这些企业中获取更多的税收，与此对应，会展业促进基金也会不断壮大，从而形成良性循环。

2. 机构设置机制。北京的旅游与会展之所以难以互动发展，我们认为主要原因之一是旅游业务和会展业务分散于旅游发展委员会、贸促会、文化局、体育局、文物局等众多行政机构和民间团体，而且这些机构除了举办会展活动外，还有大量其他方面的职责，很难单独为了促进旅游与会展的互动而形成一套相对完善的机制。从目前的状况看，虽然北京市旅游发展委员会成立了"高端旅游发展处"和"大型活动处"两个职能处室，但是这两个处室的职能主要是从旅游的视角规划和开发会奖、展览和节庆等方面的项目，工作的重点不是从制度层面推动旅游与会展的互动发展。鉴于这种状况，我们认为北京市要想推动二者的互动发展，还必须设置专业的机构，通过行政职能的界定，强制性的推动旅游与会展的互动。像香港旅游发展局为拓展香港国际会议和展览业务而专门成立了香港会议及展览拓展部，维也纳旅游局为整合会展资源设立了维也纳会议局等措施，都是这种机制的体现。

从北京的实际情况出发，我们认为旅游与会展促进机构的设立可以采取两种方式来进行：一是"单机构方式"，即只在北京市旅游发展委员会下设专门的会展旅游促进处。该处的主要职责一方面是代表政府进行旅游与会展目的地的联合促销，另一方面是代表政府对列入政府扶持范围的各种大型活动提供资格认定和资金支持，资金来源主要是前文提及的基于旅游业税收而形成的会展促进基金；二是"双机构方式"，即一方面在北京市旅游发展委员会下设专门的会展旅游促进处；另一方面政府成立专门的大型活动促进委员会，该机构直接挂靠市政府办公厅。在这种模式下，北京市旅游发展委员会下设的会展旅游促进处，主要负责北京市旅游与会展目的地的联合促销；而办公厅下设的大型活动促进委员会主要负责大型活动的备案、考评、协调和扶持。由于按照目前的机制，北京市旅游发展委员会与贸促会、文化局、体育局、文物局等单位工作的横向协调方面必然会面临一定困难，因而我们认为第二种机构设置方式更加可行。

这种机制的运作原理是：（1）只要北京旅游发展委员会下设的会展旅游促进处正常办公，他们就会按照自己的工作职能，利用基于旅游税收的专项会展发展基金，通过各种途径推广北京的旅游和会展目的地形象，招徕更多的会展活动在北京举办，从而不仅有利于北京旅游业的发展，而且有利于会展业的发展；（2）办公厅下设的大型活动促进委员会的运行机制同样如此，只要他们正常开展工作，自然会按照自己的职责，去寻求、评估、服务和支持会展项目，从而不仅推动了会展活动的发展，而且带动了旅游业的发展。

3. 行业发展规划的联合论证机制。行业规划是政府指导行业发展的纲领性文件，规划的思路决定了未来发展的思路，规划的行动措施决定了政府的产业导向。因而，北京市要想促进旅游与会展的互动发展，首先需要在相关行业的发展规划中融入旅游的因素。为确保这一思路的实施，政府需明确要求与会展活动密切相关的领域，如展览、体育赛事、文化艺术等行业，在制定和论证发展规划的时候，需要吸收旅游方面专家的参与，以确保这些领域能够从行业规划的源头层面，重视旅游与会展的互动合作。

4. 人才培养机制。不管是旅游业还是会展业，最终都是由具体的人去策划、组织、运作和管理，因而北京市旅游与会展能否互动发展，关键取决于从事旅游和会展工作的人才是否具有推动二者互动发展的理念和方法。那么，怎样才能够从人才培养的层面推动旅游与会展的互动发展呢？我们认为主要应该建立两个方面的机制：一是高等院校的人才培养机制；二是旅游与会展从业人员的在职培养机制。

首先，在高等院校的人才培养机制建设中，最重要的是通过课程体系的建设，促进旅游与会展的融合。为此，一方面要让旅游专业的学生选修会展方面的课程；另一方面，要让会展专业的学生选修旅游方面的课程；除此之外，针对旅游与会展之间的特殊联系，还应该专门开发和建设推进旅游与会展互动方面的课程。

其次，在旅游与会展从业人员的在职培养机制建设中，最重要的是要通过从业人员职业资格认证的标准化建设，推动旅游与会展的融合。具体来说，一是在旅行社、酒店等旅游从业人员执业资格条件中，加入对会展方面的业务知识和能力的要求；二是在会展业从业人员执业资格条件中，加入对旅游方面的业务知识和能力的要求。然后，通过在职培训、从业人员执业资格考试等方式加以推进和落实。

由于高等院校课程体系的建设以及从业人员执业资格条件的拟定，从总体上属于业务标准化管理的范畴，这些标准一旦确定，当事人必须按照这些标准来落实，因而属于通过标准化体系而实施的强制性制度安排。

5. 场馆建设的联合论证机制。由于很多大型会展活动具有非常广泛的社会影响力，在活动结束后，举办活动的场馆设施往往会成为重要的旅游吸引物，例如北京奥运会场馆"鸟巢"和"水立方"，目前已经成为北京市的重要景点之一。与此同时，博物馆、歌剧院等场馆设施，通常也会因内部活动的影响力而成为公众关注的焦点，进而成为热点景区，如奥地利的金色大厅、悉尼的歌剧院等，这些设施目前不仅是重要的演出场所，而且也成为了全球知名的旅游景点。为了促进旅游与会展的互动发展，必须建立相应的机制促进会展场馆建设能够充分考虑游客参观的需求。为此，我们认为最好的机制是通过法规的方式，强制规定体育馆、博物馆、展览馆、影剧院等会展场馆的规划和论证，必须有旅游方面的专家参与，规划方案必须包含对游客开放参观的功能。

（二）引导性制度安排

所谓引导性制度安排，是指政府运用经济手段引导旅游与会展互动发展的制度安排。政府一般通过对会展项目进行补贴和对会展旅游企业提供政策优惠两种途径来实施。

首先，在对会展活动项目的补贴方面，政府通常会委托相关专业机构，在对项目的社会经济收益进行综合评估的基础上，筛选出那些具有重大社会经济价值的会展项目并实施补贴，补贴的资金主要来源于通过旅游税收建立的专项会展促进基金。这样一来，便形成了"旅游税收补贴会展活动，会展活动提升旅游收益，旅游收益提升能够增加旅游税收，旅游税收增加能够提取更多基金补贴会展活动"的良性循环。

其次，政府需制定产业政策，重点支持旅游与会展的融合发展，培育大型的会展旅游集团。成都会展旅游集团就是一个成功的案例，该集团通过把会展和文化场馆建设、星级酒店经营、会议展览组织、旅游观光安排等业务紧密融为一体，不仅促进了会展业的发展，而且带动了旅游业的发展；不仅给企业带来了丰厚的经济收益，而且创造了很好的社会收益。所以，北京市政府在制定产业政策时，需通过规划用地审批、税收优惠、北京户籍指标投放等多种经济和行政的措施，引导企业向综合性会展业务发展，着力培育大型会展旅游集团。

由于这种制度安排对企业来说不具有强制性，只是政府为了达到某种产业发展目标而推出的引导性措施，因而归属于引导性制度安排。

（三）倡导性制度安排

所谓倡导性制度安排，是指政府、行业协会、媒体等机构，通过教育培训、研讨咨询、舆论宣传等方式，宣传旅游与会展互动发展的价值，推广旅游与会展互动发展的经验，从而帮助旅游与会展从业人员掌握推动两者互动发展的方法，并采取积极行动推动二者的互动发展。这种机制虽然不具有强制性，但是对提高人们关于旅游与会展互动发展重要性的认识，增进从业人员相关知识等，具有非常重要的价值。

参 考 文 献

［1］卞显红、黄震方：《发展南京会展旅游研究》，载《城市发展研究》2001 年第 4 期，第 30～33 页。

［2］何建英：《论会展旅游的概念内涵》，载《哈尔滨商业大学学报（社会科学版）》2004 年第 3 期，第 98～99 页。

［3］王保伦：《会展旅游发展模式之探讨》，载《旅游学刊》2003 年第 1 期，第 35～39 页。

［4］魏小安：《对中国会展旅游发展的思考》，载《旅游学刊》2002 年第 4 期，第 13 页。

［5］许峰：《会展旅游的概念内涵与市场开发》，载《旅游学刊》2002 年第 4 期，第 9～10 页。

［6］王元珑、江娟丽：《关于成都发展会展旅游的初步探讨》，载《经济师》2003 年第 5 期，第 224～225 页。

［7］周娟、胡平：《会展旅游对城市旅游贡献的显著性研究——以香港为例》，载《旅游论坛》2009 年第 6 期，第 907～910 页。

［8］梁圣蓉：《城市会展旅游发展的动力机制与评估——以武汉市为例》，载《旅游学刊》2008 年第 10 期，第 76～81 页。

［9］戚能杰：《会展旅游城市竞争力评价模型研究》，载《特区经济》·2006 年第 1 期，第 208～209 页。

［10］戚能杰：《会展旅游城市发展模式研究——以长三角四城市为例》，载《法制与社会》2007 年第 4 期，第 321～322 页。

［11］赵毅、黎霞：《发展会展旅游需要理顺的几个关系》，载《西南师范大学学报（人文社会科学版）》2005 年第 2 期，第 92～97 页。

［12］杨亮：《会展旅游业的状况分析和策略初探》，载《山东经济》2002 年第 5 期，第 63～65 页。

[13] 郭峦:《旅游企业在会展产业中的发展研究》,载《商场现代化》2007年第5期,第244~246页。

[14] 武虹剑、谢彦君、王娟:《我国旅游业与会展业关系研究》,载《社会科学辑刊》2008年第3期,第125~127页。

[15] 朱华:《成都会展旅游产业融合:评价与探讨》,载《国际经济合作》2001年第1期,第89~92页。

[16] 刘大可:《北京市参展商旅游消费支出实证分析》,载《旅游学刊》2006年第3期,第73~76页。

[17] 马勇、李玺:《会展与旅游互动发展》,载《国际商报》,2003-01-15(007)。

[18] 王云龙:《会展活动与旅游活动的比较——兼论会展旅游概念的界定》,载《旅游学刊》2003年第5期,第47~51页。

[19] 王磊磊:《从旅游业与会展业的互动角度论会展旅游》,载《济南职业学院学报》2007年第5期,第12~14页。

[20] 皮平凡、林艳:《旅游业与会展业的互动模式探析》,载《商业经济文萃》2005年第5期,第19~62页。

[21] 郭勋凯:《浅谈会展与旅游的对接现状与发展对策——以2010年世博会与上海旅游业的结合为例》,载《旅游经济》2007年第10期,第179~180页。

[22] 郑仕华:《旅游业与会展业协调发展的对策探讨——以浙江省金华市(暨义乌市)为例》,载《经济师》2009年第11期,第243~244页。

[23] 王春雷:《中国会展旅游发展的优化模式构建》,载《旅游学刊》2002年第2期,第44~48页。

[24] 郭峦:《城市旅游业与会展业的整合发展战略模式》,载《商业时代》2007年第25期,第82~84页。

[25] 张文建、史国祥:《论都市旅游业与会展业的边界融合趋势》,载《社会科学》2007年第7期,第17~23页。

[26] 屈真:《会展业兴起下的旅游产品开发初步研究——以2008年北京奥运会为例》,载《兰州学刊》2005年第6期,第218~219页。

[27] 于永海:《商业生态视角下的会展企业关系优化研究》,载

《上海应用技术学院学报》2009年第1期，第50～54页。

[28] 陈玲：《发展广东会展业与会展旅游的思考》，载《商业经济文荟》2004年第5期，第56～60页。

[29] 张红卫：《长沙会展业发展对长沙饭店业的影响探讨》，载《特区经济》2008年第12期，第188～189页。

[30] 杨梅：《中国西部会展业发展及对策思考》，载《重庆工学院学报》2002年第4期，第70～74页。

[31] 郭淳凡：《试析我国会展旅游行业管理模式的选择》，载《江苏商论》2003年第12期，第69～71页。

[32] 何建英：《关于会展旅游行业协会工作的思考》，载《桂林旅游高等专科学校学报》2004年第2期，第79～80页。

[33] 谷玉芬：《充分发挥政府在发展会展旅游业中的导向作用》，载《商业研究》2004年第12期，第155～157页。

[34] 樊英：《旅游业和会展业：21实际广州经济腾飞的双翼》，载《特区经济》2009年第1期，第29～31页。

[35] 郑仕华：《旅游业与会展业脱节现象及原因分析——以浙江省金华会展旅游为例》，载《经济师》2009年第10期，第235～236页。

[36] 蒋昕：《会展与商务旅游人才培养探索》，载《湖北经济学院学报》2006年第11期，第152～153页。

[37] 朱华、游佳、张炬、张黎：《成都会展旅游产业融合：评价与探讨》，载《国际经济商务》2010年第1期，第89～92页。

[38] 李宏、韩渝辉：《"1+X"：旅行社开发会展旅游产品的新思路》，载《哈尔滨商业大学学报（社会科学版）》2005年第6期，第94～96页。

[39] 张文敏、李晓莉：《旅游业与会展业的对接现状与发展对策》，载《中国会展》2004年第6期，第50～53页。

[40] Martin Oppermann. Convention destination images: analysis of association meeting planner's perception [J]. Tourism Management, 1996, 17 (3): 175–182.

[41] Donald Gtez. Special events: Defining the product [J]. Tourism Management, 1989, 10 (2): 125–137.

[42] Harry H. Hiller. Conventions as mega-events a new model for convention-host city relationships [J]. Tourism Management, 1995, 16 (5): 375 – 379.

[43] Harsha E. Chacko, Jeffrey D. Schaffer. The evolution of a festival-Creole Christmas in New Orlea-ns [J]. Tourism Management, 1993, 14 (6): 475 – 482.

[44] Donald Gtez. Festivals, Special Events and Tourism [M]. New York: Van Nostrand Reinhold, 1991.

[45] Barry Burgan, Trevor Mules. Economic impact of Sporting Events [J]. Annals of Tourism Research, 1992, 19 (4): 700 – 710.

[46] Donald Getz, Wendy Frisby. Evaluating Management Effectiveness in community-Run Festivals [J]. Journal of Travel Research, 1988, 27 (1): 22 – 27.

[47] Donald Getz, Wendy Frisby. Festival management: a case study perspective [J]. Journal of Travel Re-search, 1989, 28 (1): 7 – 11.

[48] Neha Singh, Clark Hu. Understanding Strategic alignment for destination marketing and the 2004 At-hens Olympic Games: Implications from extracted tacit knowledge [J]. Tourism Management, 2008, 29 (5): 929 – 939.

[49] Karin Weber. Meeting planners use and evaluation of convention and visitor bureaus [J]. Tourism Ma-nagemen, 2001, 22 (6): 599 – 606.

[50] Farouk Saleh, Chris Ryan. Jazz and Knitwear: Factors that attract tourists to festivals [J]. Tourism Ma-nagement, 1993, 14 (4): 289 – 297.

[51] John L. Crompton, Stacey L. Mckay. Motives of visitors Attending Festival Events [J]. Annals of To-ursim Research. 1997, 24 (2): 425 – 439.

[52] Robert C. Ford, William C. Peeper. The past as prologue: predicting the future of the convention an-d visitor bureau industry on the basis of its industry [J]. Tourism Management, 2007, 28 (4): 1104 – 1114.

[53] Brian King, Abraham Pizam, Ady Milman. Social impacts of tourism host perceptions [J]. Annals of Tourism Research, 1993, 20 (4):

650 - 665.

[54] Abraham Pizam, Tourism's impacts: the social costs to the destination community as perceived by it-s residents [J]. Journal of Travel Research, 1978, 16 (4): 8 - 12.

[55] Robert A. Herendeen. Personal Energy Impact of Attending a Professional Meeting [J]. Energy, 2004, 29 (1): 13 - 17.

[56] Andrew Bradley, Tim Hall, Margaret Harrison. Selling Cities Promoting New Images for Meeting To-urism [J]. Cities, 2002, 19 (1): 61 - 70.

[57] J. R. Brent Ritchie, Brian H. Smith. The impact of a mega-event on host region awareness: a lo-ngitudinal study [J]. Journal of Travel Research, 1991, 30 (1): 3 - 10.

[58] Richard Prentice, Vivien Andersen. Festival as Creative Destination [J]. Annals of Tourism Research, 2003, 30 (1): 7 - 30.

[59] Dogan Gursoy, Kyungmi Kim, Muzaffer Uysal. Perceived Impacts of Festivalsand Special Events byOrganizers: An Extension and Validation [J]. Tourism Management, 2004, 25 (2): 171 - 181.

[60] Vijayendra Rao. Celebrations as social investments: Festival expenditures, unit price variation and soc-ial status in rural India [J]. Journal of Development Studies, 2001, 38 (1): 71 - 97.

[61] J. R. Brent Ritchie. Turning 16 Days into 16 Years—Strategies for enhancing the long term impacts of hallmark events [R]. working paper, 1989.

[62] Patrick T. Long, Richard R. Perdue. The economic impact of rural festivals and special events: asses-sing the spatial distribution of expenditures [J]. Journal of Travel Research, 1990, 28 (4): 10 - 14.

[63] Bradley M. Braun. The economic contribution of conventions: the case of Orlando, florida [J]. Journa-l of Travel Research. 1992, 30 (3): 32 - 37.

[64] Peter E. Murphy, Barbara A. Carmichael. Assessing the tourism benefits of an open access sports tour-nament: The 1989 B. C. Winter Games

[J]. Journal of Travel Reasearch, 1991, 29 (3): 32 - 36.

[65] Daniel Felsenstein, Aliza Fleischer. Local festivals and tourism promotion: the role of public assistance and visitor expenditure [J]. Journal of Travel Research, 2003, 41 (4): 385 - 392.

[66] Peter Sherwood, A triple bottom line evaluation of the impact of special events: the development of indicators [D]. Unpublished Doctoral dissertation, Victoria University, Melbourne, 2007.

[67] Martin Oppermann, Kye-Sung Chon. Convention participation decision-making process [J]. Annals of Tourism Research, 1997, 24 (1): 178 - 191.

[68] Hanqin Qiu Zhang, Vivien Leung, Hailin Qu. A refined model of factors affecting convention partici-pation decision-making [J]. Tourism Management, 2007, 28 (4): 1123 - 1127.

[69] Joanne Jung-Eun Yoo, Kaye Chon. Factors affecting convention participation decision-making: de-veloping a measurement scale [J]. Journal of Travel Research, 2008, 47 (1): 113 - 122.

[70] Turgut Var, Frank Cesario, Gary Mauser. Convention tourism modeling [J]. Tourism Management, 1985, 6 (3): 194 - 204.

[71] Janet Chang. Segmenting tourists to aboriginal cultural festivals: An example in the Rukai tribal are-a, Taiwan [J]. Tourism Management, 2006, 27 (6): 1224 - 1234.

[72] Sandro Formica, Muzaffer Uysa. Market segmentation of an international cultural-historical event in Italy [J]. Journal of Travel Research, 1998, 36 (4): 16 - 24.

[73] Sungsoo Pyo, Raymond Cook, Richard L. Howell. Summer Olympic tourist market—learning from the past. Tourism Management, 1988, 9 (2): 137 - 144.

[74] Richard L. Irwin, Matthew A. Sandler. An analysis of travel behavior and event-induced expenditu-res among American collegiate championship patron groups [J]. Journal of Vacation Marketing, 1998, 4 (1): 78 - 90.

[75] Jon-Yun Ahn, Zafar U. Ahmed. South Korea's emerging tourism

industry [J]. Cornell Hotel and Re-staurant Administration Quarterly, 1994, 35 (2): 84 – 89.

[76] Youcheng Wang, Daniel R. Fesenmaier. Identifying the success factors of web-based marketing stra-tegy: an investigation of convention and visitors bureaus in the United States [J]. Journal of Travel Researc-h, 2006, 44 (3): 239 – 249.

[77] Alastair M. Morrison, Stacey M. Bruen, Donald J. Anderson. Convention and Visitor Bureaus in the USA: A Profile of Bureaus, Bureau Executives, and Budgets [J]. Journal of Travel & Tourism Marketing, 1998, 7 (1): 1 – 19.

[78] Cary Deccio, Seyhmus Baloglu. Nonhost community resident reactions to the 2002 Winter Olympics: The spillover impacts [J]. Journal of Travel Research. 2002, 41 (1): 46 – 56.

[79] J. R. Brent Ritchie, Catherine E. Aitken. Olympulse II-Evolving resident attitudes toward the 1988 Olympic Winter Games [J]. Journal of Travel Research, 1985, 23 (3): 28 – 33.

[80] J. R. Brent Ritchie, Marcia M. Lyons. Olympulse III/Olympulse IV: a mid-term report on resident a-ttitudes concerning the XV Olympic Winter Games [J]. Journal of Travel Research, 1987, 26 (1): 18 – 26.

[81] J. R. Brent Ritchie, Marcia M. Lyons. Olympulse VI: A post-event assessment of resident reaction to the XV Olympic Winter Games [J]. Journal of Travel Research, 1990, 28 (3): 14 – 23.

[82] Michelle Whitford. Regional development through domestic and tourist event policies: Gold coast an-d Brisbane, 1974 – 2003 [J]. Journal of Hospitality, Tourism and leisure Science, 2004 (2): 1 – 24.

[83] Michelle Whitford. Event public policy development in the Northern Sub-Regional Organisation of Councils, Queensland Australia: Rhetoric or realization? [J]. Journal of convention and event tourism, 2004, 6 (3): 81 – 99.

[84] Crompton and Mckay. Motives of visifors attending festival events. Annals of Tourism Research, 1997. 55 – 68.